Daniel Giordani

Das Handpan buch 2

für leicht fortgeschrittene Spieler

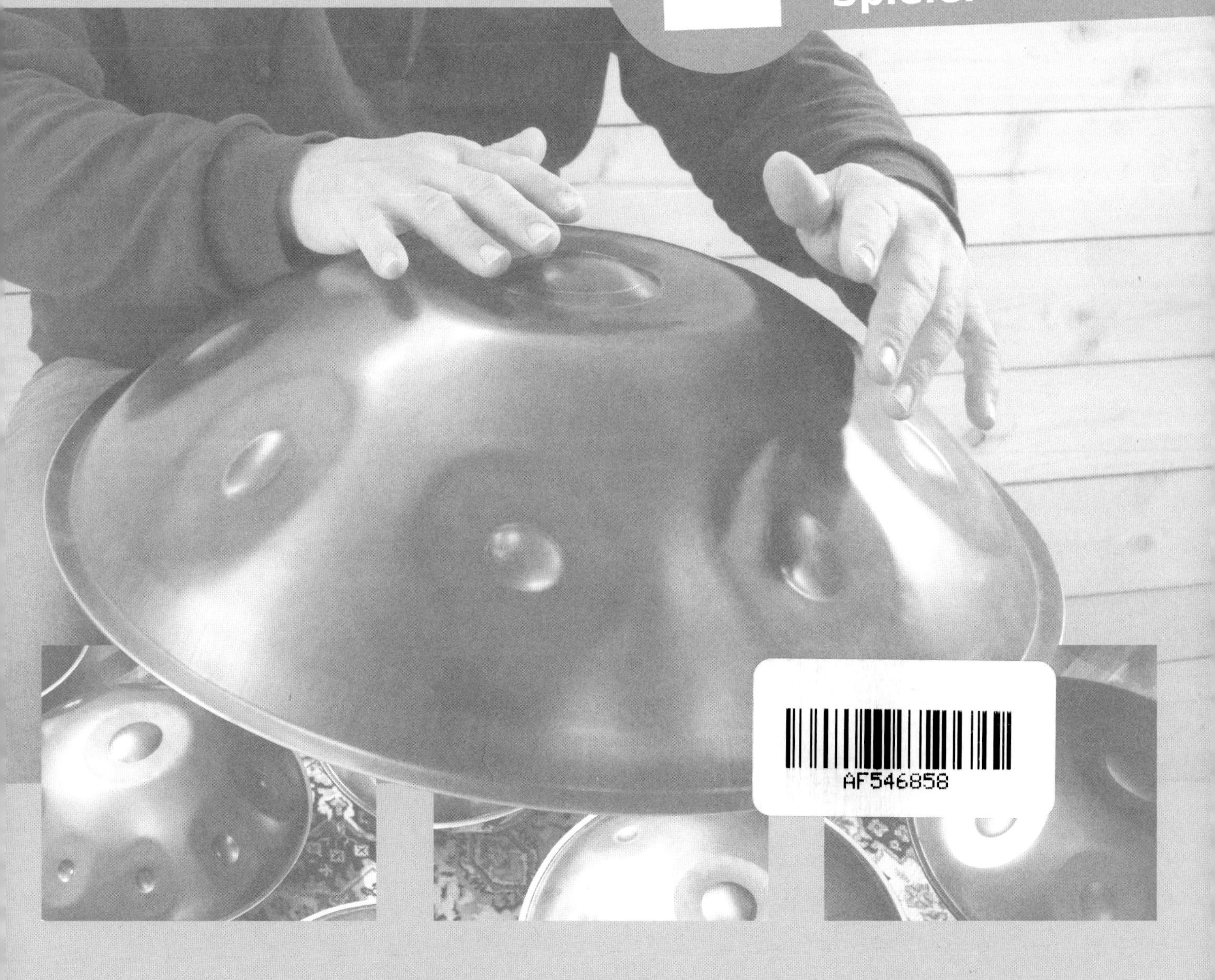

IMPRESSUM

D 923 / ISMN 979-0-50017-557-5 / ISBN 978-3-86849-384-9

Autor: Daniel Giordani
Umschlaggestaltung: Daniel Giordani und Ulrike Hofbauer

Die im Buch verwendete männliche Schreibweise wurde nur wegen der besseren Lesbarkeit verwendet. Ich möchte hier ausdrücklich darauf hinweisen, dass damit sowohl die männliche als auch die weibliche Schreibweise gemeint ist.

www.dux-verlag.de

Vita:

Daniel Giordani ist Handpanspieler, Perkussionist, Rhythmuspädagoge und Autor. Er leitet gemeinsam mit Yela Brodesser das „Rhytmotop – Institut für Rhythmuserfahrung" im österreichischen Waldviertel.
Er wurde 1977 in Bozen/Südtirol geboren, studierte Kultur- und Sozialanthropologie an der Universität Wien mit dem Schwerpunkt Musikethnologie. Bei zahlreichen Forschungs- und Studienreisen nach Westafrika erlernte er das Djembespiel. Weitere Reisen nach Nordafrika, Indien und Mittelamerika ermöglichten ihm den Einblick in viele weitere Perkussionsmusik-Stile. In den letzten Jahren wurde das Handpan immer mehr zum Hauptinstrument.

Seit vielen Jahren ist er Mitglied diverser Bands und Musikprojekte und gibt Workshops und Fortbildungsseminare für Kinder, Jugendliche, Erwachsene und PädagogInnen.

Bibliographie:

- Das Rhythmusorakel – eine alternative Trommelschule, 2012 Fidula Verlag

- Riddimbaker Collection, 50 Kompositionen für Djembe und Dundun, 2020 BoD

- Das Handpanbuch, 2020 Edition DUX

- Riddimbaker Collection 2, 50 neue Kompositionen für Djembe und Dundun 2021 BoD

- Bum Bum Tak, Trommeln mit Kindern, 2021 Fidula Verlag

- The Handpan Book (englische Ausgabe), 2022 Edition DUX

- Das Handpanbuch 2, 2022 Edition DUX

- Übungsstücke für Handpan, 2024 Edition DUX

Discographie:

- Jah Riddim – Joyful Noise, Rhytmotop Records 2011

- Kenebonda – Earthsound Grooves, Rhytmotop Records 2016

- Kenebonda – In Your Eyes, Rhytmotop Records 2021

- Daniel Giordani – Soft Landing, Rhytmotop Records 2022

www.danielgiordani.com
www.rhytmotop.at
www.kenebonda.at

INHALTSVERZEICHNIS

1. EINLEITUNG

Mit diesem Buch möchte ich allen leicht fortgeschrittenen Handpanspielern eine breit gefächerte Auswahl an Arbeitsmaterialien in die Hand geben. Die Übungen im Buch sollen dabei helfen, die Spieltechnik weiterzuentwickeln, mehr Flexibilität am Instrument zu bekommen und den musikalischen Ausdruck zu verbessern.

Dieses Buch ist für alle geeignet, die bereits einige Zeit mit dem Instrument verbracht haben und mit den grundlegenden Spieltechniken vertraut sind. Alle, die mit meinem ersten Buch oder mit anderen Lehrern gearbeitet haben und nun auf der Suche nach neuen Techniken und Herausforderungen sind, könnten hier interessante Inputs bekommen.

Es wäre ideal, wenn du folgende Fertigkeiten bereits mitbringst:

- Du solltest die Klangfelder am Instrument sowohl mit deinen Zeigefingern als auch mit den Daumen gut zum Klingen bringen können.
- Du solltest die Anordnung der Klangfelder gut im Gespür haben und die Reihenfolge der Klangfelder zum Erzeugen einer Skala gut kennen und auch die passenden Zahlen der Notation dazu wissen.
- Du solltest mit den Händen übergreifen können. Mit der rechten Hand die Klangfelder auf der linken Seite des Instruments gut anspielen können und umgekehrt.
- Du solltest Slaps und abgestoppte Sounds erzeugen können.
- Du solltest Akkorde mit zwei Klangfeldern und einfache Arpeggios spielen können.

Auf diese Fertigkeiten wird in diesem Buch aufgebaut.

Was erwartet dich?
Es gibt in diesem Buch viele neue knackige Grooves, Übungen zu Paradiddle, Triolen, Rolls und Flams. Das Kapitel „Die Magie der 12" entführt uns in andere Taktarten jenseits des 4/4-Takts.
Weiters werden neue Klänge erkundet und das Spiel von Sounds mit den Knöcheln oder der ganzen Faust erklärt.
Viele Rhythmusübungen dienen dazu, das eigene Timing zu festigen und die Koordination zu schulen. Die acht Übungsstücke ermöglichen es dir schlussendlich, ein kleines Auftrittsrepertoire zu erarbeiten.

Zu vielen Übungen gibt es auch Videos, die über einen QR-Code erreichbar sind. Die Übungen mit einem Stern (*) sind in den Videos zu sehen.

Neues aus der Handpanwelt

Seit dem Erscheinen des ersten Handpanbuchs ist einiges geschehen. Ich bedanke mich an dieser Stelle für die vielen Rückmeldungen und Anfragen, die ich in den letzten Monaten bekommen habe. Die vielen positiven Feedbacks und der Wunsch von vielen Lesern nach mehr Material und mehr Übungsstücken haben mich zu diesem zweiten Teil inspiriert.
Gerne möchte ich direkt an das erste Buch anknüpfen. Ich möchte ein paar neue interessante Techniken erklären, mit denen man die Klangvielfalt des Instruments noch erweitern kann. Weiters möchte ich einige spannende Grooves und Rhythmusstrukturen zeigen.
Da besonders die Übungsstücke von den Lesern sehr gelobt wurden, gibt es auch in diesem Buch wieder einige Stücke, passend zu den im ersten Teil des Buchs erlernten Techniken.

In der Handpanwelt hat sich seit dem Erscheinen des ersten Buchs auch einiges getan. Einerseits gibt es immer mehr Hersteller und die Bandbreite an unterschiedlichen Instrumenten nimmt immer mehr zu. Die neuen Hersteller kommen jedoch mittlerweile auch aus China und anderen Billigproduktionsländern. Diese Instrumente sind teilweise bedeutend günstiger als die Handpans europäischer Produzenten. Die Qualität ist aber zum Teil auch sehr fragwürdig. Viele betrügerische Angebote im Internet locken mit niedrigen Preisen, die Enttäuschung ist dann aber groß, wenn man ein total unbrauchbares Instrument geliefert bekommt.
Die Firma PanArt, die Erfinder des Hang®, ist mit dieser Entwicklung verständlicherweise sehr unzufrieden. Sie versucht nun mit Urheberschutzklagen die Form ihrer Klangskulptur rechtlich zu schützen. Leider sind davon aber weniger die betrügerischen Produzenten aus den Billiglohnländern betroffen, als vielmehr die kleinen Handwerker und Produzenten aus Europa, die mit viel Leidenschaft und Liebe zum Detail sehr schöne und qualitative Instrumente herstellen. Niemand weiß momentan (zum Zeitpunkt an dem ich diese Zeilen schreibe), wie die Zukunft des Instruments ausschaut und ob es weiterhin so viele Instrumente geben wird oder PanArt das Monopol für sich beansprucht.

Die Handpans werden zudem auch ständig weiterentwickelt. Zahlreiche Produzenten machen mittlerweile Instrumente mit vielen Tonfeldern. Es gibt Instrumente, die an der Oberseite 10 - 16 Töne haben. Hierbei werden die äußeren Tonfelder sehr weit nach außen versetzt und zwischen dem zentralen Ton und den äußeren Feldern werden noch weitere Klangfelder mit hohen Tönen eingefügt. Auch auf der Unterseite werden manchmal noch 2 - 8 zusätzliche Töne eingehämmert. Dies erweitert die Spielmöglichkeiten natürlich sehr. Die Spieltechnik wird dadurch aber auch etwas komplizierter. Vor allem die Töne auf der Unterseite sind oft schwer zu spielen. Wenn das Instrument im Schneidersitz am Boden gespielt wird, werden manche Töne abgedämpft. Auch die Handpanständer sind oft so gebaut, dass sie die unteren Töne abdämpfen oder schwer erreichbar machen.

Eine Weiterentwicklung gibt es auch beim Material. Immer mehr Hersteller bieten nun auch Instrumente aus Edelstahl an. Diese haben einen noch längeren Nachklang (Sustain) als die nitrierten Instrumente und haben auch einen etwas besseren Rostschutz. Die Hersteller experimentieren auch mit der Form. Neue Möglichkeiten jenseits der Linsenform werden gesucht.

Musikalisch ist das Handpan mittlerweile auch fast überall und in ganz unterschiedlichen Kontexten und Musiksstilrichtungen zu finden. Es gibt Musiker, die es nach wie vor in sehr meditativen Situationen, wie z. B. Yogaunterricht usw. verwenden. Andere Spieler hingegen versuchen sich in klassischen Stücken oder „covern" Songs aus der Popwelt bis hin zu Heavy Metal. Manche Handpanspieler arbeiten mit Loopgeräten und kreieren damit ganz alleine fantastische Klanglandschaften.
Neue knifflige Fingerrolls und Sounds mit Mallets oder Fußpedalen werden ebenso eingesetzt wie das Spiel auf mehreren Handpans gleichzeitig. Um eine ganze chromatische Skala spielen zu können, müssen manchmal zwei, drei, vier ... Instrumente kombiniert werden.

In diesem Buch werde ich mich aber wieder auf das Spiel von einem Instrument fokussieren. Auch die Anzahl der Klangfelder bleibt bei max. 9, da die meisten Spieler auf solchen Instrumenten lernen und die weiteren Klangfelder bei den Übungen als Ergänzung auch selbstständig dazugefügt werden können.

2. BEGRIFFSERKLÄRUNG

Damit wir uns über Musik und das Musizieren mit dem Handpan unterhalten können, sollten wir eine kleine Begriffsdefinition vornehmen, um ein gemeinsames Vokabular zu haben.
Damit wir auch mit anderen Musikern sprechen können, die mit der klassischen Notation vertraut sind, braucht es auch ein paar Vergleiche zwischen der Pulsationsschrift und der westlichen klassischen Notation.

Notation

Die hier verwendete Notation ist sehr einfach und intuitiv verständlich. Es werden keine klassischen Notensymbole verwendet, sondern alle am Handpan gespielten Schläge und Töne mit unterschiedlichen Symbolen, Zahlen und Buchstaben dargestellt. Als Grundlage dient ein Raster von regelmäßigen Hintergrundpulsationen.

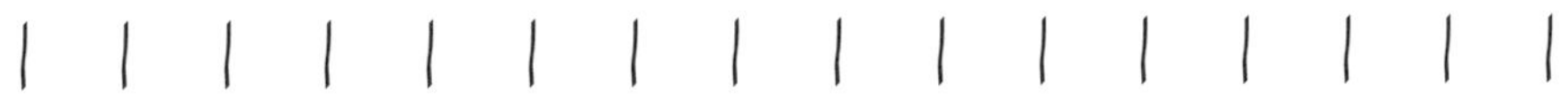

Diese werden je nach Rhythmus zu Gruppen zusammengefasst. 2er-, 3er- oder 4er-Gruppen. Auf die erste Pulsation einer Bündelung fällt der Beat. Je nach Art der Bündelung spricht man auch von: 2er-Rhythmen, 3er-Rhythmen oder 4er-Rhythmen

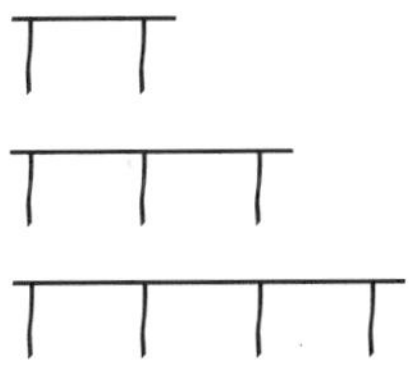

Die Rhythmen und Melodieabfolgen werden nun so notiert, dass die Zahlen und Symbole auf die entsprechende Pulsation geschrieben werden. Pausen werden einfach so notiert, dass die Pulsation ohne Symbol bleibt.

Zusätzlich zu den Noten wird immer auch der vorgeschlagene Handsatz angegeben. R steht für die rechte Hand, L steht für die linke Hand.

Symbole der Sounds

0	Zentraler Ton, gesprochen als Bum oder Dum
1 - 9	Äußere Tonfelder. **1** = tiefster Ton der äußeren Töne. **2** = nächster Ton, meist links von 1. **3 - 9** = Folgetöne, je nach Anzahl der Töne am Instrument.
T	Tak, Schlag am bereits nicht mehr definiert klingenden Rand (Schulter) des zentralen Tonfeldes. Gesprochen als TA oder TAK.
–	Tap oder Ghostnote, leicht angeschlagener Fingertip an nicht klingenden Teilen des Instruments
X	Slap, gesprochen als PA
▼	Knöchelschlag mit den Fingerknöcheln am nicht klingenden Teil des Instruments
■	Basssound mit der Faust am nicht klingenden Teil des Instruments
TT	Einfacher Flam
TTT	Doppelter Flam
TTTT	Dreifacher Flam
!	Abdämpfen mit einem Finger zum Isolieren der Obertöne
.|8	Isolierte Oktave
.|5	Isolierte Quinte (Duodezime)
<u>0</u>	Unterstrich = abgedämpftes Tonfeld

Symbole für den Handsatz

R	Rechte Hand
L	Linke Hand
R/L	Beide Hände gleichzeitig
-	Handsatz nach Belieben
RD	Daumen der rechten Hand
RZ	Zeigefinger der rechten Hand
LD	Daumen der linken Hand
LZ	Zeigefinger der linken Hand
~~	Wirbel

Pulsationsschrift versus klassische Notation

Die klassischen Notenwerte (wie Viertel-, Achtel- oder Sechzehntelnoten) zeigen immer die Notendauer an. Dies ist für viele Instrumente sehr wichtig. Mit einer Flöte zum Beispiel kann man die Tonlänge genau steuern. Man kann kurze und lange Töne spielen. Der Ton verklingt erst, wenn man aufhört, ins Instrument zu blasen. Für Perkussionisten ist die Notendauer meist nicht so wichtig. Bei Schlaginstrumenten ist wichtig, wann man das Instrument anschlagen muss. Die Länge des Klangs ist nicht wirklich steuerbar und daher in der Darstellung untergeordnet. Der Nachklang ist je nach Art des Instruments ein bisschen unterschiedlich. Daher gibt es für Perkussionsinstrumente alternative Notationssysteme, die auch für das Handpan gut geeignet sind und auch leichter und intuitiver verständlich sind als die klassische Notenschrift. Vor allem bei komplexeren, synkopierten Rhythmen braucht es in der klassischen Notation viele komplizierte Zeichen wie punktierte Noten, punktierte Pausen, Bindebögen usw.
Bei der Pulsationsschrift werden auf ein Raster, eine fiktive regelmäßige Hintergrundpulsation, die Noten gesetzt. Meist ist die zugrunde liegende Pulsation mit einer Sechzehntel- oder mit einer Achtelnote vergleichbar. Dies ist aber nicht zwingend notwendig und könnte auch anders umgerechnet werden. In der Pulsationsschrift ist das Grundraster immer die schnellste spürbare und von den Instrumenten verwendete Pulsation.

Zur Umrechnung zwischen der Pulsationsschrift und der klassischen Notation verwendet man meist diese zwei Möglichkeiten:

Umrechnung 1:
1 Pulsation = 1 Sechzehntel.

Darstellung eines 4/4-Takts:

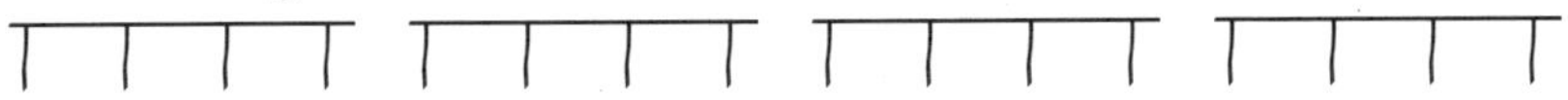

Umrechnung 2:
1 Pulsation = 1 Achtel.

Darstellung eines 4/4-Takts:

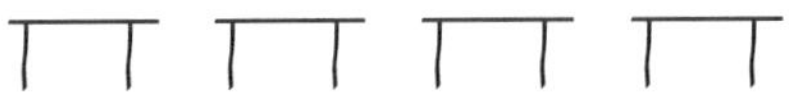

3. GROOVEBOX

Zum Einstieg in dieses Buch habe ich ein paar interessante Grooves zusammengestellt und diese mit unterschiedlichen Melodieabfolgen und Variationen versehen. Das Üben dieser Übungssequenzen hilft dir dabei, deine Flexibilität am Instrument zu erhöhen.

Die Übungen sind sehr knackig und machen viel Spaß. Die Rhythmen können in vielen Situationen eingesetzt werden und können auch als Startpunkt für eigene Kreationen genutzt werden.

Später werden wir den einen oder anderen Groove wieder aufgreifen, um weitere Variationen mit neue Spieltechniken auszuprobieren.

Die folgenden Übungssequenzen sind so aufgebaut, dass jede Übung einen Grundrhythmus oder ein Grundthema hat. Dieser einfache Rhythmus wird dann auf unterschiedlichste Weise variiert.

Das Thema und jede Variation sollten zu Beginn jeweils einzeln für sich geübt werden. Erst wenn der Kopf und auch der Körper den Rhythmus, die Bewegungsabfolge und die Melodie verinnerlicht haben, solltest du zur nächsten Variation gehen.

Als weitere Übung können dann Thema und Variationen in einem Durchlauf nacheinander gespielt werden.
Man kann z. B. jede Variation
- 4x
- 2x
- oder nur 1x spielen

und zur nächsten wechseln.

So entstehen schon kleinere Übungsstücke.
Die Stücke können aber auch selbst kreiert werden. Das Thema und die Variationen können wie bei einem Baukastensystem selbst kreativ zusammengestellt werden.

In den Videobeispielen wird das Thema 4x gespielt und jede Variation 2x. Zum leichteren Verständnis sind die Variationen nicht in einem Durchlauf gespielt, sondern jede einzeln, mit Pausen dazwischen.

GROOVE 1

Dieses und die folgenden Videos sind auch aufrufbar unter: https://www.dux-verlag.de/handpan2 (Passwort: D923)

VIDEO **01**

Groove*	R R L 0 T 0	L R 0 T	R L 0 T	R R L T T T
Variation 1*	R R L 0 T 0	L R 0 T	R L 0 4	R R L 5 T T
	R R L 0 T 0	L R 0 T	R L 0 6	R R L 5 T T
Variation 2*	R R L 0 T 0	L R 0 T	R L 0 6	R R L 7 5 6
	R R L 0 T 0	L R 0 T	R L 0 6	R R L 5 5 4
Variation 3*	R R L 0 5 0	L R 0 5	R L 0 4	R R L 5 T T
	R R L 0 5 0	L R 0 7	R L 0 6	R R L 5 T T
Variation 4*	R R L 0 5 0	L R 0 7	R L 0 8	R R L 7 T T
	R R L 0 5 0	L R 0 7	R L 0 6	R L R L 7 6 5 4

GROOVE 2

VIDEO
02

Groove*	R – R L · – – R – · R L – L · R – R – 0 – 0 T · – – 0 – · 0 0 – 0 · T – 0 –
Variation 1*	R – R L · – – R – · R L – L · R – L – 0 – 0 T · – – 0 – · 0 0 – 0 · 5 – 6 – R – R L · – – R – · R L – L · R – L – 0 – 0 T · – – 0 – · 0 0 – 0 · 5 – 4 –
Variation 2*	R – R L · – – R – · R L – L · R – L – 0 – 0 T · – – 0 – · 1 4 – 4 · 5 – 6 – R – R L · – – R – · R – L – · R – L – 0 – 0 T · – – 0 – · 5 – 6 – · 5 – 4 –
Variation 3*	R – R L · – – R – · R L – L · R – L – 0 – 0 T · – – 0 – · 1 1 – 1 · 3 – 4 – R – R L · – – R – · R L R L · R – L – 0 – 0 T · – – 0 – · 1 1 1 1 · 5 – 4 –
Variation 4*	R – R L · – – R – · R L – L · R – L – 0 – 0 T · – – 0 – · 5 4 – 4 · 5 – 6 – R – R L · – – R – · R L R L · R – L – 0 – 0 T · – – 0 – · 7 8 7 6 · 5 – 4 –

GROOVE 3

VIDEO
03

Groove*	R · · ·	R · R L	· L · L	R · R · 0 · · ·	T · 0 0	· 0 · 0	T · 0 ·
Variation 1*	R · · ·	R · R L	· L · L	R L R L 0 · · ·	T · 0 0	· 0 · 0	7 6 5 4 R · · ·	R · R L	· L · L	R L R L 0 · · ·	T · 0 0	· 0 · 0	1 2 3 4
Variation 2*	R · · ·	R · R L	· L · L	R · L · 0 · · ·	T · 1 1	· 1 · 1	5 · 6 · R · · ·	R · R L	· L · L	R · R · 0 · · ·	T · 1 1	· 1 · 1	8 · 7 ·
Variation 3*	R · · ·	R · R L	· L · L	R · L · 0 · · ·	T · 1 4	· 4 · 4	5 · 4 · R · · ·	R · R L	· L · L	R · L · 0 · · ·	T · 1 4	· 4 · 4	3 · 2 ·
Variation 4*	R · · ·	R · R L	· L · L	R · R · 0 · · ·	T · 0 0	· 0 · 0	T · 0 · R · · ·	L · R L	· L · L	R · L · 5 · · ·	4 · 3 4	· 4 · 4	3 · 4 ·
Variation 5*	R · · ·	R · R L	· L · L	R · R · 0 · · ·	T · 0 0	· 0 · 0	T · 0 · RD RZ · · ·	R/L · R R/L	· R/L · ·	RDRZ · LDLZ · 5 · · ·	6 · – 6	· 6 · –	5 · 4 · 3 · · ·	4 · · 4	· 4 · ·	3 · 2 ·

GROOVE 4

VIDEO
04

	1	2	3	4	5	6	7	8	9	10	11	12	13	14	15	16
Groove*	R		R	L		L	R	L	R		L		R		L	
	0		**T**	**T**		**T**	**0**	**0**	**T**		**T**		**T**		**0**	
Variation 1*	R		R	L		L	R	L	R		L		R		L	
	0		**T**	**T**		**T**	**0**	**0**	**1**		**4**		**3**		**4**	
	R		R	L		L	R	L	R		L		R		L	
	0		**T**	**T**		**T**	**0**	**0**	**1**		**4**		**5**		**4**	
Variation 2*	R		R	L		L	R	L	R		L		R		L	
	0		**T**	**T**		**T**	**0**	**0**	**8**		**8**		**7**		**6**	
	R		R	L		L	R	L	R		L		R		L	
	0		**T**	**T**		**T**	**0**	**0**	**5**		**6**		**5**		**4**	
Variation 3*	R		R	L		L	R	L	R		L		R		L	
	0		**5**	**4**		**4**	**0**	**0**	**5**		**6**		**5**		**4**	
	R		R	L		L	R	L	R		L		R		L	
	0		**5**	**4**		**4**	**0**	**0**	**3**		**4**		**3**		**2**	
Variation 4*	R		R	L		L	R	L	R		L		R		L	
	0		**T**	**T**		**T**	**0**	**0**	**T**		**T**		**T**		**0**	
	R		R	L		L	R	L	R		L		R		L	
	7		**7**	**8**		**8**	**7**	**8**	**7**		**8**		**7**		**6**	
Variation 5*	R		R	L		L	R	L	R		L		R/L		R/L	
	0		**T**	**T**		**T**	**0**	**0**	**T**		**T**		**7** **5**		**6** **4**	
	R		R	L		L	R	L	R		L		R/L		R/L	
	0		**T**	**T**		**T**	**0**	**0**	**T**		**T**		**5** **3**		**4** **2**	

GROOVE 5

VIDEO
05

Groove*	R L 0 0	L R 0 0	R L T 0	R L 0 T
Variation 1*	R L 0 0	L R 0 0	R R 5 5	R L 3 4
	R L 0 0	L R 0 0	R L 1 1	R L 3 4
Variation 2*	R L 0 0	L R 0 0	L R L 8 7 6	R L 5 6
	R L 0 0	L R 0 0	L R 6 5	L R 4 5
Variation 3*	R R L 0 x 0	L R 0 x	R L 1 6	R L 1 5
	R R L 0 x 0	L R 0 x	R L 1 4	R L 3 4
Variation 4*	R R L 0 x 0	L R 0 x	LDLZ LDLZ 4 4 2 2	R LDLZ 6 4 2
	R R L 0 x 0	L R 0 x	RDRZ RDRZ 5 5 3 3	L RDRZ 7 5 3

GROOVE 6

VIDEO
06

Groove*	R R **T 0**	R R L **x 0 T**	L R **T 0**	R R L **x 0 0**
Variation 1*	R R **7 0**	R R L **x 0 6**	L R **6 0**	R R L **x 0 0**
	R R **5 0**	R R L **x 0 4**	L R **4 0**	R R L **x 0 0**
Variation 2*	R R **7 0**	R R L **x 0 6**	L R **4 0**	R R L **x 0 0**
	R R **5 0**	R R L **x 0 1**	L R **4 0**	R R L **x 0 0**
Variation 3*	R/L R **5 0** **3**	R R L **x 0 T**	L R **T 0**	R R/L **x 5** **3**
	R/L R **6 0** **4**	R R L **x 0 T**	L R **T 0**	R R **x 0**
	R/L R **5 0** **3**	R R L **x 0 T**	L R **T 0**	R R/L **x 5** **3**
	R/L R **4 0** **2**	R R L **x 0 T**	L R **T 0**	R R **x 0**
Variation 4*	R/L R **5 0** **3**	R R L **x 0 6**	L L **6 6**	R L **7 6**
	R/L R **5 0** **3**	R R L **x 0 4**	L L **4 4**	R L **3 4**

GROOVE 7

VIDEO
07

Groove*	R R L L R R L **0 0 T T 0 x x**
Variation 1*	R R L L R R L **0 0 T T 0 5 6** R R L L R R L **0 0 T T 0 1 1**
Variation 2*	R R L L R L R **0 0 8 8 0 7 5** R R L L R L R **0 0 8 8 0 6 4**
Variation 3*	R R L L R L L **1 1 6 4 1 8 7** R R L L R R R **1 1 6 4 1 5 3**
Variation 4*	R R L L R L R L **1 1 8 8 1 6 7 8** R R L L R L L **1 1 5 5 1 6 4**
Variation 5*	R/L R/L L L R/L L R **3 3 5 5 3 6 5** **1 1 1** R/L R/L R R R/L R L **4 4 6 6 4 7 6** **2 2 2**

EXKURS 1 - RHYTHMUSÜBUNGEN

Viele Handpanlernende, die vorher kein anderes Instrument gespielt haben, geben mir das Feedback, dass sie zwar mit der Notation gut zurechtkommen und die Schlagabfolgen am Instrument ohne Probleme erlernen können, sich jedoch mit dem Rhythmus schwer tun. Um sich den Rhythmus zu vergegenwärtigen, müssen sie z. B. das Video zu den passenden Übungen wieder anschauen und anhören. Nur mit der Notation selbst schaffen sie es nicht, den Rhythmus herauszulesen und ihn sich selbständig zu erarbeiten.

Daher möchte ich in diesem Kapitel einige Übungen zeigen, die helfen können, Rhythmen zu lesen, sie auszuführen und auch stabilzuhalten.

Die Noten, die wir spielen, setzen wir nicht in einen luftleeren Raum, sondern in eine pulsierende, sich drehende und doch weiterentwickelnde zeitliche Struktur. Es gibt sogar mehrere gleichzeitig, in unterschiedlichen Geschwindigkeiten ablaufende, sich überlagernde Pulse.
Unser graphisches Hilfsmittel ist dabei die Pulsationsschrift.
Die Striche symbolisieren eine immer im Hintergrund präsente, ablaufende schnelle Pulsation, die ich als spielender Musiker und auch als Zuhörer spüren kann. Weiters gibt es dann auch langsamere Pulsationen, wie den Beat, der durch die graphische Darstellung der Pulsationsbündelung zu 4, 3 oder 2 angezeigt wird.

Daher ist es sehr hilfreich, sich als Spieler dieser Pulsationen bewusst zu sein und diese als Übung auch hörbar und spürbar zu machen. Ich setze mein Handpanspiel in Beziehung zu den im Hintergrund laufenden Pulsationen, hänge mich dort ein, schwinge mit und der Groove wird automatisch klar und stabil werden.

Übung zum Spüren der Pulsation

Die erste Übung ist das Hörbarmachen der Hintergundpulsation durch das Sprechen von Silben. Wir können hierfür die südindische Trommelsprache Konnakol benutzen. Diese bietet eine Reihe von sehr praktischen Silbenkombinationen, die sehr knackig klingen und doch flüssig von den Lippen gehen.

Für eine 4er-Bündelung sprechen wir die Silbenkombination TA KA DI MI

TA KA DI MI TA KA DI MI TA KA DI MI TA KA DI MI

Jetzt kannst du unterschiedliche Rhythmen dazu klatschen. Du brauchst hierfür noch gar kein Instrument. Das heißt du kannst diese Übungen auch jederzeit zwischendurch im Alltag einbauen.

Übungsblock mit simplen Rhythmen:

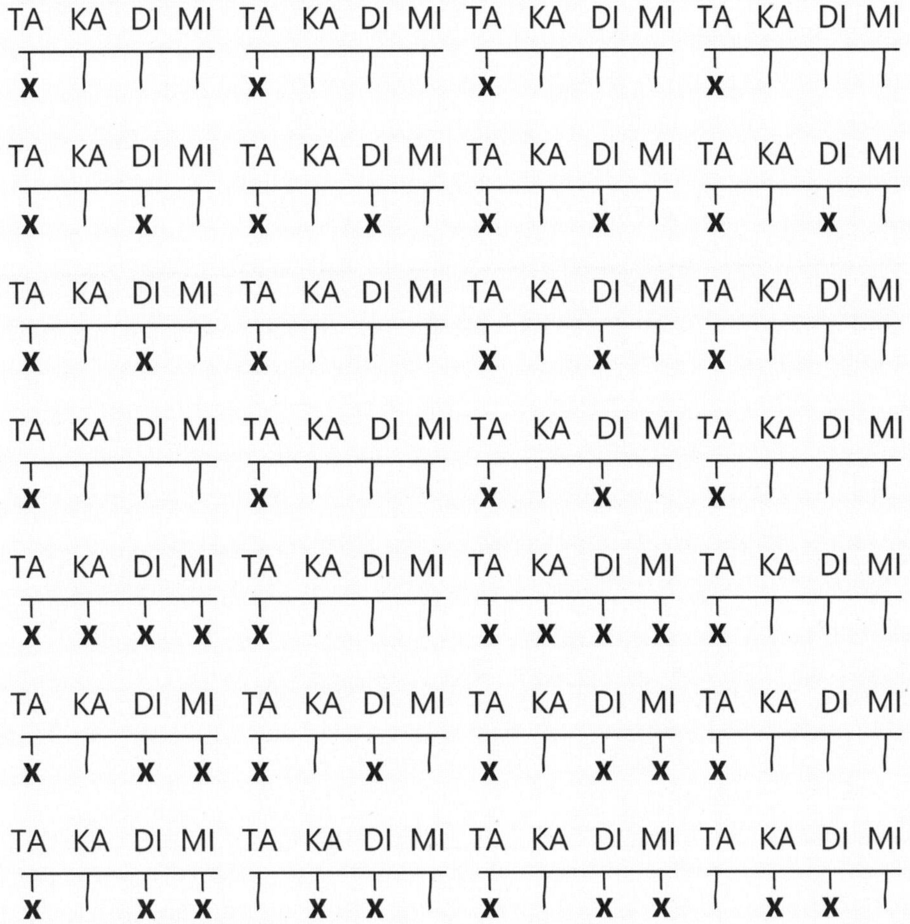

Übungsblock mit etwas kniffligeren Rhythmen:

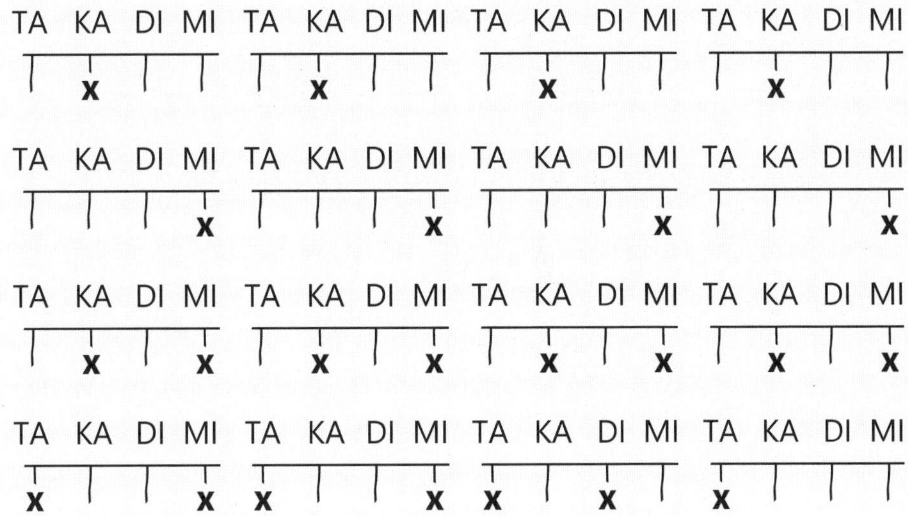

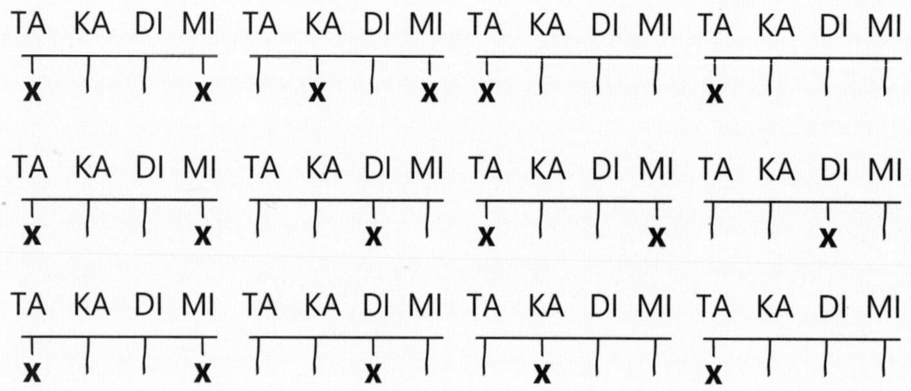

Übung zum Spüren des Beats

Die zweite Übung bringt nun eine weitere Ebene hinzu: Dies ist der Beat.
Wir können hierfür mit dem Fuß den Beat mitstampfen. Diese Übung geht nicht am Boden sitzend. Man sollte sich auf einen Stuhl setzen. Ein Fuß (rechts oder links ist egal) wippt mit und stampft am Beat jeweils auf. Am leichtesten ist es, wenn die Ferse am Boden bleibt und nur der Vorderfuß sich bewegt.

Die Silbenkombination TA KA DI MI wird weiterhin gesprochen. Jeweils auf der Silbe TA kommt ein Fußstampfen dazu.

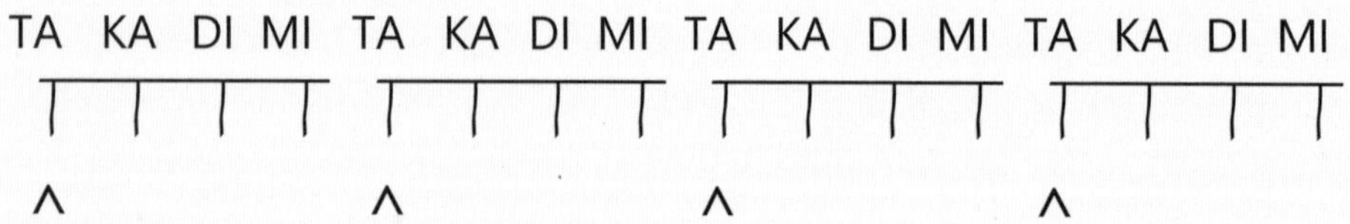

Versuche nun, die obigen Übungen nochmals zu klatschen. Jetzt laufen drei Rhythmusebenen gleichzeitig ab. Das kann schon sehr herausfordernd sein. Wenn es nicht sofort klappt, sei nicht verzweifelt. Diese Übungen können auch über mehrere Monate immer wieder gemacht werden und du wirst merken, dass sie immer leichter gehen.
Eine schöne Variation dieser Übung ist das rhythmische Wandern.
Du kannst einfach das Fußstampfen durch Schritte ersetzen. Hierbei fällt der Beat einmal auf rechts und dann auf links. So kann man während eines Spaziergangs im Freien gleichzeitig Rhythmusübungen machen.

Am Anfang wirst du dich auf eines der drei Elemente stark konzentrieren müssen. Versuche, deine Aufmerksamkeit zu verlagern und deine Konzentration einmal mehr auf das Sprechen, dann auf das Klatschen und dann auf das Stampfen zu legen. Du wirst merken, dass du dabei ab und zu den Rhythmus verlierst und wieder Zeit brauchst, um reinzufinden. Das ist ganz natürlich so. Ärgere dich nicht, sondern genieße diesen Prozess.

TIPP: Versuche, alle Aktionen, das Sprechen, Klatschen und Stampfen, ganz locker und entspannt zu machen. Bitte nicht verkrampfen. Die Silben können ganz leise und angenehm aus dem Mund purzeln, das Stampfen ist eine ganz sanfte, kaum hörbare Bewegung. Auch das Klatschen braucht nicht mit viel Kraft geschehen.

Vor allem Sprechen und Stampfen können bei der Übung immer mehr von einer äußeren Aktion in eine innere, unhörbare Pulsation übergehen. Nur das Klatschen bleibt als hörbares Element übrig. Dieses wird aber von der im Inneren ablaufenden Pulsation getragen.

Nimm nun dein Instrument und verwandle die geklatschten Schläge in Handpanschläge um. Verwende dazu erst einmal nur ein Tonfeld und steigere dich nach und nach. Finde deine eigenen Melodien. Die gesprochenen Silben und das Fußstampfen gehen dabei immer weiter.

4. PARADIDDLE

VIDEO
08

Der Paradiddle ist eine besondere Schlagkombination und kann bei vielen Trommeln und Schlaginstrumenten eingesetzt werden. Am Handpan ist diese Technik sehr wirkungsvoll und ermöglicht, ganz neue Tonabfolgen ohne großen Aufwand zu spielen.
Die Spieltechnik der Paradiddles wird auch im Video 8 erklärt.

Sehr oft verwenden wir beim Spielen einer regelmäßigen Tonabfolge die Hände abwechselnd. Wenn wir z. B. lauter Taks spielen, so machen wir dies meist so:

R L R L R L R L R L R L R L R L
T T T T T T T T T T T T T T T T

Bei den Paradiddles werden nun aber Doppelschläge eingefügt. Der Single Paradiddle wird z. B. so gespielt:

R L **R R** L R **L L** R L **R R** L R **L L**
T T T T T T T T T T T T T T T T

Durch die Betonung des Beats mit einem zentralen Ton entsteht eine sehr schöne fließende Bewegungsabfolge. Der zentrale Ton wird hier abwechselnd mit Rechts und Links angeschlagen:

R L R R L R L L R L R R L R L L
0 T T T 0 T T T 0 T T T 0 T T T

Die gleiche Übung kann auch mit leisen Taps gespielt werden:

R L R R L R L L R L R R L R L L
0 – – – 0 – – – 0 – – – 0 – – –

Alle folgenden Übungen mit einem Stern (*) sind in den Videobeispielen eingespielt worden.

Durch das Hinzufügen von weiteren Klangfeldern können nun sehr schöne Melodien kreiert werden. Es ist sehr wichtig, mit einem gemütlichen Tempo zu beginnen und es dann langsam, nach und nach zu steigern. Wenn der Rhythmus unregelmäßig wird und zu holpern beginnt, sollte man das Übungstempo wieder ein bisschen reduzieren.

1*	R L R R **0 4 – –**	L R L L **0 5 – –**	R L R R **0 6 – –**	L R L L **0 7 – –**
2*	R L R R **0 6 – –**	L R L L **0 7 – –**	R L R R **0 4 – –**	L R L L **0 5 – –**
3*	R L R R **0 – 5 5**	L R L L **0 – 6 6**	R L R R **0 – 7 7**	L R L L **0 – 6 6**
4*	R L R R **0 – 5 5**	L R L L **0 – 4 4**	R L R R **0 – 7 7**	L R L L **0 – 6 6**
5*	R L R R **0 4 5 5**	L R L L **0 5 6 6**	R L R R **0 4 5 5**	L R L L **0 5 2 2**
6*	R L R R **0 6 7 7**	L R L L **0 5 4 4**	R L R R **0 4 5 5**	L R L L **0 3 1 1**
7	R L R R **0 6 – –**	L R L L **0 – 6 6**	R L R R **0 4 – –**	L R L L **0 – 4 4**
8	R L R R **0 6 – –**	L R L L **0 – 4 4**	R L R R **0 8 – –**	L R L L **0 – 4 4**
9	R L R R **0 6 – –**	L R L L **0 5 4 4**	R L R R **0 6 – –**	L R L L **0 3 4 4**

Die Betonungsmuster können natürlich auch anders aufgebaut werden.

Betonungsmuster Variante 1:

	R	L	R	R	L	R	L	L	R	L	R	R	L	R	L	L
	–	**–**	**0**	**0**	**–**	**–**	**0**	**0**	**–**	**–**	**0**	**0**	**–**	**–**	**0**	**0**
Var.	R	L	R	R	L	R	L	L	R	L	R	R	L	R	L	L
	5	**4**	**0**	**0**	**6**	**7**	**0**	**0**	**5**	**4**	**0**	**0**	**2**	**3**	**0**	**0**
Var.	R	L	R	R	L	R	L	L	R	L	R	R	L	R	L	L
	1	**4**	**0**	**0**	**1**	**5**	**0**	**0**	**1**	**6**	**0**	**0**	**1**	**7**	**0**	**0**

Betonungsmuster Variante 2:

	R	L	R	R	L	R	L	L	R	L	R	R	L	R	L	L
	–	**0**	**–**	**–**	**–**	**0**	**–**	**–**	**–**	**0**	**–**	**–**	**–**	**0**	**–**	**–**
Var.	R	L	R	R	L	R	L	L	R	L	R	R	L	R	L	L
	3	**0**	**–**	**–**	**4**	**0**	**–**	**–**	**3**	**0**	**–**	**–**	**6**	**0**	**–**	**–**
Var.	R	L	R	R	L	R	L	L	R	L	R	R	L	R	L	L
	5	**0**	**7**	**7**	**4**	**0**	**4**	**4**	**5**	**0**	**8**	**8**	**4**	**0**	**4**	**4**

Paradiddles ohne das zentrale Tonfeld:

1	R	L	R	R	L	R	L	L	R	L	R	R	L	R	L	L
	7	**6**	**5**	**5**	**6**	**5**	**4**	**4**	**1**	**2**	**3**	**3**	**4**	**5**	**6**	**6**
2	R	L	R	R	L	R	L	L	R	L	R	R	L	R	L	L
	1	**4**	**1**	**1**	**6**	**1**	**6**	**6**	**1**	**4**	**1**	**1**	**6**	**5**	**4**	**4**
3	R	L	R	R	L	R	L	L	R	L	R	R	L	R	L	L
	1	**4**	**5**	**5**	**2**	**5**	**6**	**6**	**3**	**6**	**7**	**7**	**4**	**7**	**8**	**8**

Paradiddles können sehr gut mit dem Übungsstück „Traces on my way" (S. 86) geübt werden.

Der Para-Paradiddle

Der Para-Paradiddle wird mit folgendem Handsatz gespielt:

R	L	R	L	**R**	**R**	L	R	L	R	**L**	**L**
T	**T**	**T**	**T**	**T**	**T**	**T**	**T**	**T**	**T**	**T**	**T**

Eine coole Wirkung entfaltet der Para-Paradiddle in einem 3er-Rhythmus. Diese Rhythmusstruktur wird in der klassischen Notation meist als 6/8 oder 12/8 notiert.

R	L	R	L	R	R	L	R	L	R	L	L
T	**T**	**T**	**T**	**T**	**T**	**T**	**T**	**T**	**T**	**T**	**T**

Wenn der erste Schlag des Para-Paradiddles mit einem tiefen Ton am zentralen Tonfeld betont wird, entsteht:

R	L	R	L	R	R	L	R	L	R	L	L
0	**T**	**T**	**T**	**T**	**T**	**0**	**T**	**T**	**T**	**T**	**T**

Oder mit Taps gespielt:

R	L	R	L	R	R	L	R	L	R	L	L
0	**-**	**-**	**-**	**-**	**-**	**0**	**-**	**-**	**-**	**-**	**-**

Hier nun einige schöne Variationen:

	R	L	R	L	R	R	L	R	L	R	L	L
1	**0**	**-**	**5**	**-**	**-**	**-**	**0**	**-**	**6**	**-**	**-**	**-**
	R	L	R	L	R	R	L	R	L	R	L	L
	0	**-**	**5**	**-**	**-**	**-**	**0**	**-**	**4**	**-**	**-**	**-**
2	R	L	R	L	R	R	L	R	L	R	L	L
	0	**-**	**5**	**6**	**-**	**-**	**0**	**-**	**6**	**7**	**-**	**-**
	R	L	R	L	R	R	L	R	L	R	L	L
	0	**-**	**5**	**6**	**-**	**-**	**0**	**-**	**4**	**3**	**-**	**-**

<table>
<tr><td>3</td><td>R L R L R R L R L R L L
0 – 5 – 7 7 0 – 6 – 4 4
R L R L R R L R L R L L
0 – 5 – 7 7 0 – 6 – 8 8</td></tr>
<tr><td>4</td><td>R L R L R R L R L R L L
0 4 5 – 5 5 0 5 4 – 4 4
R L R L R R L R L R L L
0 4 5 – 5 5 0 5 6 – 6 6</td></tr>
</table>

Wenn man die Para-Paradiddle-Schlagabfolge nicht mit regelmäßigen Schlägen spielt, sondern eine andere rhythmische Form verwendet, kann man auch schöne Effekte erzielen.

<table>
<tr><td>1</td><td>R L R L R R L R L R L L
5 | 4 5 | 4 7 7 6 | 5 4 | 5 6 6</td></tr>
<tr><td>2</td><td>R L R L R R L R L R L L
0 | 2 3 4 | 5 5 6 | 5 4 3 | 4 4</td></tr>
<tr><td>3</td><td>R L R L R R L R L R L L
0 4 | 5 4 7 7 | 0 5 | 6 5 8 8 |</td></tr>
</table>

5. TRIOLEN

Triolen sind eine sehr schöne Möglichkeit, Abwechslung ins Spielen zu bekommen. Der Rhythmus wird hier durch das plötzliche Umschwenken auf eine andere Geschwindigkeit oder Pulsationsunterteilung moduliert.
Wenn an die Stelle von zwei gleich langen Noten über dieselbe Dauer drei gleich lange Noten gespielt werden, spricht man von einer Triole. In unserer einfachen Notation wird dies sehr ähnlich wie in der klassischen Notation mit einem breiteren Schriftbild und einer -3- über der Notation dargestellt.
Es gibt natürlich viele Triolen. In der klassischen Notation spricht man von Viertel-, Achtel- und Sechzehnteltriolen usw. Da wir in unserer einfachen Notation nicht mit Notenwerten arbeiten, können wir von einer langsamen, mittleren und schnellen Triole sprechen. In diesem Kapitel geht es um die mittlere Triole.

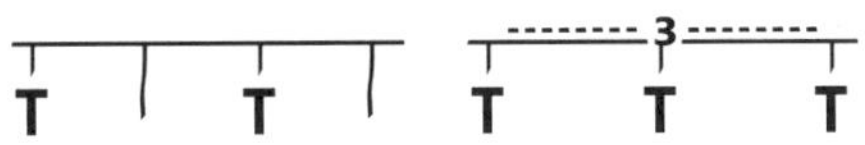

Zu Beginn möchte ich ein paar rein perkussive Übungen zeigen. Später können diese wieder mit Tönen der äußeren Tonfelder zu schönen Melodien ausgebaut werden. Bei diesen Übungen ist es sehr wichtig den Beat zu spüren. Dieser ist die einzige Konstante, die regelmäßig weitergeht. Daher ist das Üben mit Metronom hier sehr hilfreich. Stelle dir das Metronom auf 65, später auch stufenweise schneller ein.

Perkussive Triolenübungen:

VIDEO
09

1*	R L R L R L R L R L T T T T T T T T T T
2*	R L R L R L R L R L 0 0 T T 0 0 0 T T T
3*	R L R L R L R L R L R L 0 0 T T T T 0 0 0 T T T Achtung: Hier musst du dich nach den 4 Taks etwas einbremsen. Die Triole ist langsamer.
4*	R R L L R L R L R L R L 0 T 0 0 T T 0 0 0 T T T
5*	R R L R L R L L R L R L 0 T T T T T 0 T T T T T Achtung: Hier wird derselbe Rhythmus einmal mit Rechts und einmal mit Links beginnend gespielt.
6*	R L R L R L R L R L 0 T 0 T T 0 0 T T T
7*	R R L R L R R L R L 0 T T T T 0 T T T T R L R L R L R L R L 0 T T T T T T T T T

Achtung: Die Triole ist regelmäßig. Manchmal hat man am Anfang die Tendenz, die Triolen etwas zu verziehen. Die drei Schläge sind aber alle gleich lang!

T T T ≠ T T T ≠ T T T ≠ T T T

Melodiöse Triolenübungen:

1*	R L R L R L R L R L **1 2 3 4 1 2 3 4 5 6** R L R L R L R L R L **1 2 3 4 5 6 5 4 3 2**
2*	R R L R L R L R L R L **1 7 6 5 4 1 4 5 6 5 4** R R L R L R L R L R L **1 7 6 5 4 1 4 5 6 7 8**
3*	R R L R R R L R L R **0 T T 0 T 0 6 5 4 5** R R L R R R L R L R **0 T T 0 T 0 6 5 6 7**
4	R R L L R L R L R L R L **0 T T T T T 7 6 5 4 5 6** R R L L R L R L R L R L **0 T T T T T 5 6 5 4 3 2**
5	R R L R L R L L R L R L **7 7 7 7 7 7 6 6 6 6 6 6** R R L R L R L R L R L R **5 5 5 5 5 5 4 3 4 5 6 7**

Versuche nun auch, die folgenden zwei Grooves aus dem Startkapitel mit Triolen zu variieren.

Groove 1	R R L 0 T 0	L R 0 T	R L 0 T	R R L T T T
Variation 1	R R L 0 T 0	L R 0 T	R L 0 4	R R L 5 T T
	R R L 0 T 0	L R 0 T	R L R (3) 0 4 5	L R L (3) 6 7 8
Variation 2	R R L 0 T 0	L R 0 T	R L 0 8	R R L 7 5 6
	R R L 0 T 0	L R 0 T	R R 0 7	L R L (3) 6 5 4

Groove 2	R R L 0 0 T	R 0	R L L 0 0 0	R R T 0
Variation 1	R R L 0 0 T	R 0	R L L 0 0 0	R L 5 6
	R R L 0 0 T	R 7	R L R (3) 7 7 7	L R L (3) 6 6 6
Variation 2	R R L 0 0 T	R 7	R L L 8 8 8	R L 7 6
	R R L 0 0 T	R 0	R L R (3) 8 8 8	L R 6 7

Triolen können auch mit dem Übungsstück „La piuma bianca“ (S. 90) trainiert werden.

6. ROLLS

Wenn wir auf dem Handpan schnelle Tonabfolgen spielen, die schneller sind als die regelmäßigen Pulsationen in der Notation, so sprechen wir von Rolls.
Rolls erzeugen sehr schöne Effekte. Oft werden sie als Verzierungselemente in das Spiel integriert. Es gibt sehr viele unterschiedliche Formen von Rolls. Es können 2, 3, 4, 5, 6 ... schnelle regelmäßige Schläge aneinandergereiht werden. Wichtig dabei ist dann natürlich noch, in welcher Geschwindigkeit, oder besser gesagt, in welchem Verhältnis zur Pulsation die Schläge gespielt werden.

Dreier-Rolls

VIDEO
10

Das mag jetzt alles sehr kompliziert klingen. Fangen wir aber mal ganz einfach mit dem Dreier-Roll an. Dabei werden über die Dauer einer Pulsation zwei Schläge gespielt. Wenn nach dem Zweier-Roll noch ein Schlag folgt, entsteht eine Schlagabfolge von drei schnellen Schlägen. Daher der Name Dreier-Roll.

Dreier-Roll	**TT T**

Der Dreier-Roll wird oft sehr triolisch gespielt. Man könnte ihn auch so darstellen:

Alternative Darstellung des Dreier-Roll	----3---- **T T T**

Die Wahrheit liegt aber meist irgendwo dazwischen. Je nach Phrasierung kann es eher die erste oder die zweite Variante sein. Die Rolls sollten mit RLR und mit LRL trainiert werden.

1*	R L R L R RLR L R L L R L R L LRL R L R **T T T T O**			**TTT T T O**			
2*	R L R L R R L RLR L L R L R L L R LRL R **O O T T T**			**O O TTT T**			
3*	R L L R L R L RLR L L R R L R L R LRL R **O O**	**T T T**		**O O**	**TTT T**		

Dreier-Rolls an den äußeren Tonfeldern:

1*	R L R L R L R L R L R L **44 4 4 4 4 55 5 5 5 5** R L R L R L R L R L R L **66 6 6 6 6 77 7 7 7 7**
2*	L R L R L R L R L R L R **44 4 4 4 4 55 5 5 5 5** L R L R L R L R L R L R **66 6 6 6 6 77 7 7 7 7**
3*	L R L R L R R L R L R L **44 4 4 4 6 55 5 5 5 7**
4*	R L R L R LD L R L R L R L RD R L **64 6 4 6 2 4 6 75 7 5 7 3 5 7**
5*	R L R L R L R L L R L R L R L R **88 8 8 8 8 7 6 77 7 7 7 7 6 5** R L R L R L R L L R L R L R L R **66 6 6 6 6 5 4 55 5 5 5 5 4 3**
7	R L R L R L R L R L R L R L R L **12 3 4 5 6 7 8 98 7 6 5 4 3 2**
8	R L R L R L R L L R L R L R L R **12 3 4 5 6 7 8 87 6 5 4 3 2 1**

9	R L R L R LR L R L R L R L R L R L R L **1 2 3 4 5 4 5 6 7 8 9 8 7 6 5 6 5 4 3 2**
10	R L R L R L R L R L R L R L R L R L **1 2 3 4 5 4 5 6 7 8 7 6 5 4 5 4 3 2**
11	R L R L R L R L R L R L R L **7 8 7 8 7 6 5 6 7 6 7 6 5 4** R L R L R L R L R L R L R L **5 6 5 6 5 4 3 4 5 4 5 4 3 2**
12	R L R L R L R L R L R L **1 2 3 4 3 4 5 6 5 6 7 8** L R L R LR L R LR L R **8 7 6 5 6 5 4 3 4 3 2 1**

Dreier-Rolls kommen auch in den Übungsstücken „Jungle Spirit“ (S. 93) und „Soft Landing“ (S. 99) vor.

Vierer-Rolls

VIDEO
11

Beim Vierer-Roll werden über zwei Pulsationen 4 schnelle Schläge gespielt. Hier müssen die Finger nun ganz schön „Gas“ geben. Es braucht dabei ein gutes Verhältnis zwischen Spannung und Lockerheit. Bei zuviel Lockerheit klingen die Rolls nicht mehr exakt, bei zuviel Spannung kann man die nötige Geschwindigkeit nicht mehr erreichen. Daher ist es wichtig, mit einer leicht „angespannten Lockerheit“ an die Sache heranzugehen. Auch hier sollte RLRL und LRLR trainiert werden.

Übungen mit dem Vierer-Roll:

1*	R L R L R R L R L R L R L R L R L L R L R L R L **T T T T 0** **T T T T T T 0**
2*	R L R L R R L R L R L R L R L R L L R L R L R L **0 0 T T T** **0 0 T T T T T**
3*	R L R L R R L R L R L R L R L R L L R L R L R L **0 0 T T T** **0 0 0 0 T T T**

Vierer-Rolls an den äußeren Tonfeldern:

1*	R L R L R L R R L R L R L R **4 4 4 4 4 4 4** **5 5 5 5 5 5 5** R L R L R L R R L R L R L R **6 6 6 6 6 6 6** **7 7 7 7 7 7 7**
2*	L R L R L R L L R L R L R L **4 4 4 4 4 4 4** **5 5 5 5 5 5 5** L R L R L R L L R L R L R L **6 6 6 6 6 6 6** **7 7 7 7 7 7 7**

3*	R L R L R L R L R L R L R L 4 4 4 4 4 4 6 5 5 5 5 5 5 7
4*	R L R L R L RD L R L R L R L R LD R L 6 4 6 4 6 4 2 4 6 7 5 7 5 7 5 3 5 7
5	R L R L R L R LD R L R L R L R L RD L 4 4 4 4 4 4 6 2 4 5 5 5 5 5 5 7 3 5
6	L R L R L R L R L R L R L R L R L R 8 8 8 8 8 8 8 7 6 7 7 7 7 7 7 7 6 5 L R L R L R L R L R L R L R L R L R 6 6 6 6 6 6 6 5 4 5 5 5 5 5 5 5 4 3
6	R L R L R L R R L R L R L R 7 6 5 4 7 6 5 3 4 5 6 3 4 5
7	R L R L R L R R L R L R L R L L 1 2 3 4 5 6 7 8 8 7 6 5 4 3 2 1
8	R L R L R L R L R R L R L R L R L R 1 2 3 4 5 6 5 6 7 3 4 5 6 7 8 7 8 9
9	R L R L R L L R L R L R R L R L R L L R L R L R 1 2 3 4 5 4 2 3 4 5 6 5 3 4 5 6 7 6 4 5 6 7 8 7
10	R L R L R R R L R L R R R L R L R R R L R 7 6 7 8 7 6 5 4 5 6 5 4 7 6 7 8 7 6 5 6 1

Versuche nun auch, die folgenden zwei Grooves aus dem Startkapitel mit Rolls zu variieren.

Groove 3	R R R L L L R R **0 T 0 0 0 0 T 0**
Variation 1	R R R L L L R L **0 T 0 0 0 0 7 6** R R R L L R L R L R **0 T 0 0 0 88 8 8 8**
Variation 2	R R R L RL R L R L **0 T 0 0 54 5 6 7 6** R R R L RL R L R L **0 T 0 0 54 5 4 3 2**
Variation 3	R R R L L L R L **0 5 0 4 0 0 7 8** R R R L L L RL RL R L **0 5 0 4 0 0 TT TT T T**

Groove 4	R R L L R L R L R L **T T T T 0 0 T T T 0**
Variation 1	L R L L R L R L R RL R **6 T T T 0 0 T T T 55 5** L R L L R L R L R RL R **4 T T T 0 0 T T T 55 5**
Variation 2	R R L L R L R L R L **T T T T 0 0 7 6 5 0** R R L L R L RL RL R L R L R **T T T T 0 0 44 44 4 4 7 6 5**

7. DIE MAGIE DER 12

Viele Rhythmen haben einen Wiederholungszyklus von 12 Pulsationen. Dieser Zahl wohnt eine spezielle Magie inne.

Sie lässt sich in unterschiedliche kleinere regelmäßige Einheiten oder Beats unterteilen. Je nachdem, ob die Betonungen im Rhythmus auf jede zweite, dritte oder vierte Pulsation fallen, kann man die Rhythmen mit einer passenden Pulsationsbündelung in Zweier-, Dreier- oder Viererreinheiten darstellen.

↓ = Beat, Hauptpuls, Hauptbetonung oder Metronomschlag

Variante 1 (6x2)	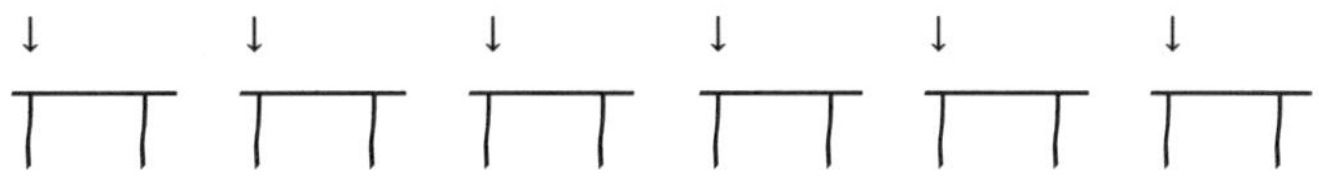
Variante 2 (4x3)	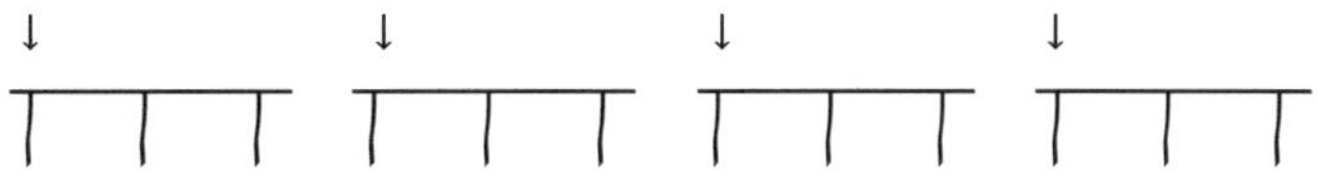
Variante 3 (3x4)	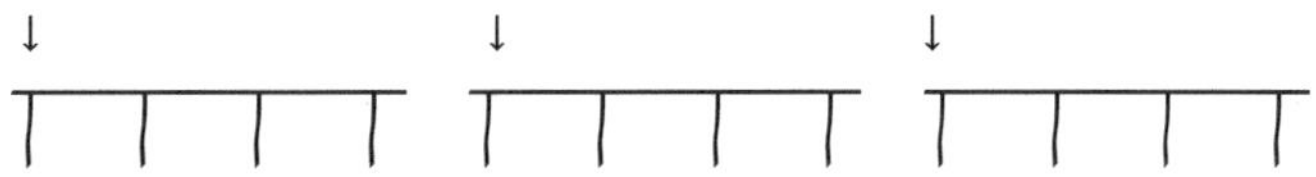

Alles Walzer

Drei Beats mit Zweierbündelung

VIDEO
12

Der Walzer und andere Rhythmen im 3/4-Takt sind dadurch gekennzeichnet, dass sich das Betonungsmuster nach jeweils drei Hauptschlägen (Beats) wiederholt. Sie werden in unserer Pulsationsschrift meist mit einer 3x2 (3 Beats zu 2 Pulsationen) dargestellt.

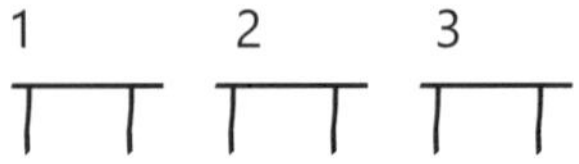

Werden solche Rhythmen verdoppelt, entstehen insgesamt 12 Pulsationen.

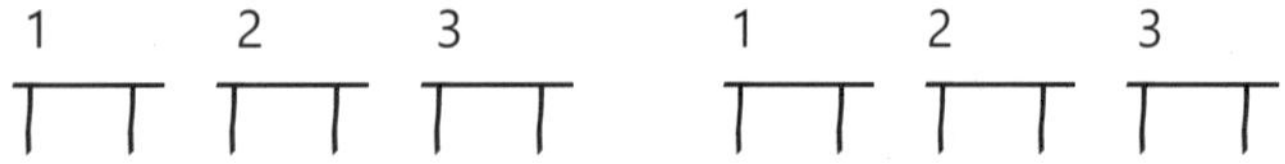

Die Hauptbetonung liegt beim Walzer immer auf der 1. Die Zählzeiten sind 1, 2, 3.

Handsatzübungen:

R R L O T T	R L R O T T	R L L O T T
L L R O T T	L R L O T T	L R R O T T

Rhythmische Übungen in 3x2:

1*	R R R L O T T T
2*	R R L R O T T T
3*	R R L R L O T T T T
4*	R R L R L R L O T T O T T T

5*	R | R L | R | R | L | R **0 | T T | T | 0 | 0 | T**
6*	R | R | L | R | L | R L **0 | T | T | 0 | T | T T**

Übungen mit den äußeren Tonfeldern in 3x2:

1*	R | R | L | R | R | L **0 | 5 | 4 | 0 | 5 | 6** R | R | L | R | R | L **0 | 5 | 4 | 0 | 1 | 1**
2*	R | R | L | R | L | R L **0 | 1 | 1 | 0 | 1 | 7 6** R | R | L | R | L | R L **0 | 1 | 1 | 0 | 1 | 3 4**
3*	R | R | L | R | R | L **0 | 1 | 1 | 0 | 1 | 1** R | R L | R | R | L | R **0 | 3 4 | 5 | 0 | 6 | 7**
4*	R | L | L | R | L | L **0 | 4 | 4 | 0 | 4 | 4** R | L | R | L | R | R L **0 | 4 | 5 | 6 | 5 | 7 6**
5	R | L R | L | R | L | R **0 | 4 4 | 4 | 8 | 6 | 7** R | L R | L | R | L | R **0 | 4 4 | 4 | 7 | 6 | 5**

6	
	R L L R L R L 0 8 8 0 8 5 6
	R L L R L R L 0 8 8 0 8 5 6
	R L L R L R L 0 7 7 0 7 5 6
	R L R L R L 0 7 7 8 7 6

EXKURS 2 - RHYTHMUSÜBUNGEN

Auch diese Rhythmusstruktur kann man als Trockenübung mit Silbensprache, Klatschen und Stampfen üben. Dieses Mal verwenden wir die Silbenkombination TA KA.

TA KA TA KA TA KA

Übungsblock zum Klatschen und Sprechen:

TA KA TA KA TA KA
x x x

TA KA TA KA TA KA
x

TA KA TA KA TA KA
x x

TA KA TA KA TA KA
x x

TA KA TA KA TA KA
x x x

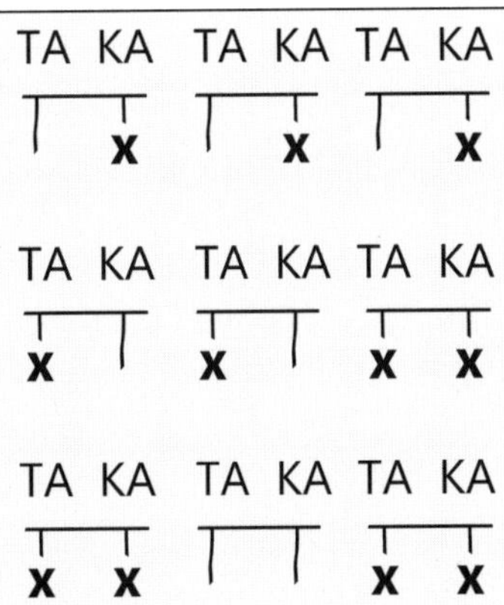

Der Beat kann nun immer auf der ersten Pulsation der Zweierbündelung gestampft werden.

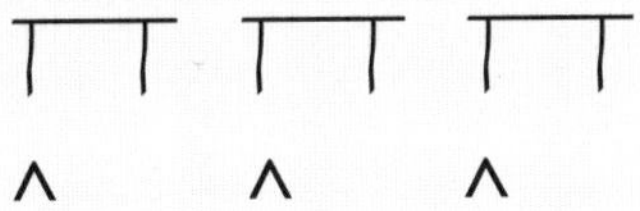

Der Walzer-Rhythmus kann auch sehr gut mit dem Übungsstück „A Waltz for you" (S. 96) trainiert werden.

Dreierlei

Drei Beats mit Viererbündelung

VIDEO **13**

Manche Zwölfer-Rhythmen lassen sich besser mit der 3x4-Struktur darstellen. Es gibt hier wieder drei Beats. Die Hauptbetonungen fallen jeweils auf die 1. Pulsation einer Vierer-Bündelung.

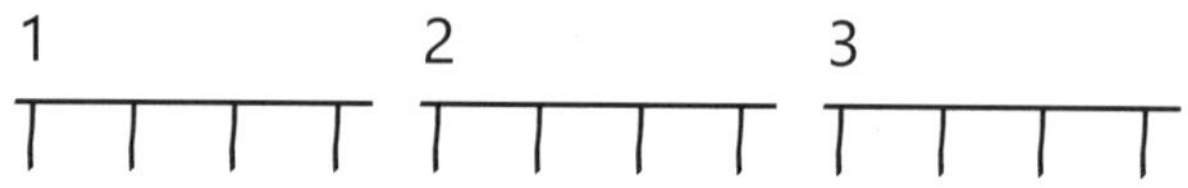

Rhythmische Übungen in 3x4:

1*	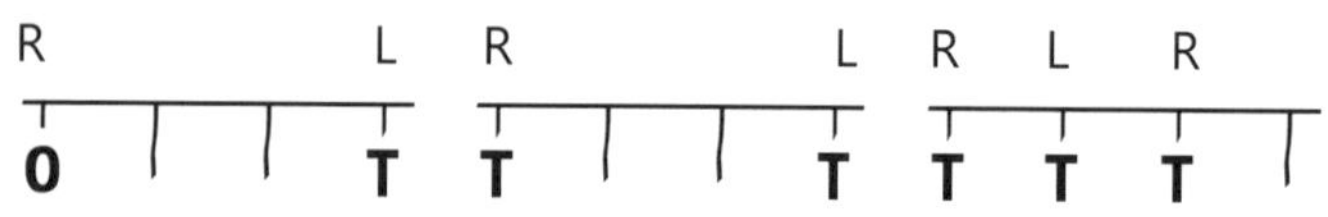
2*	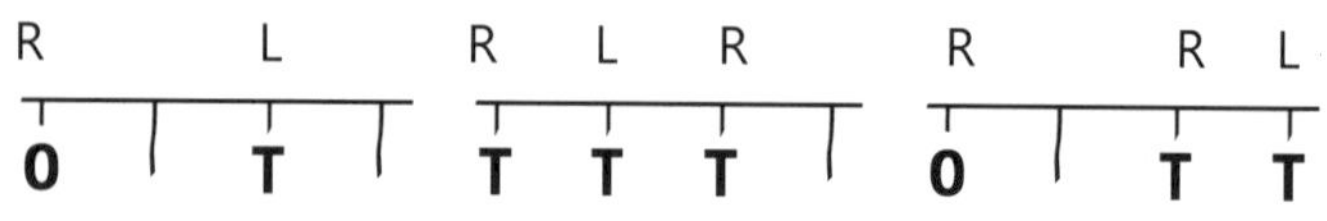
3*	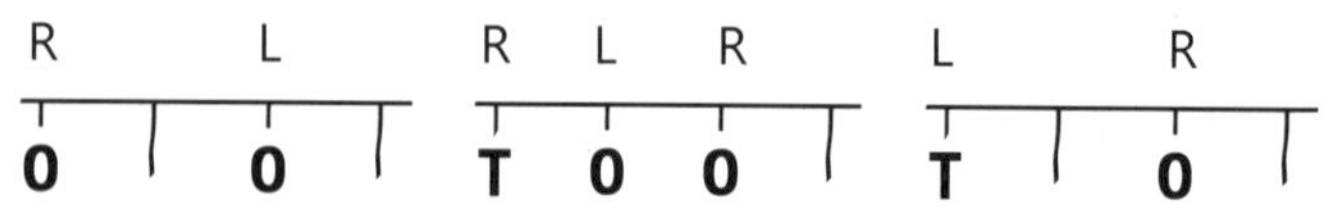
4*	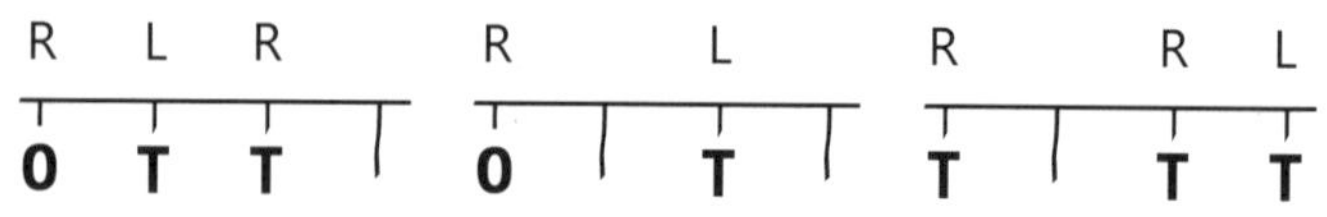
5*	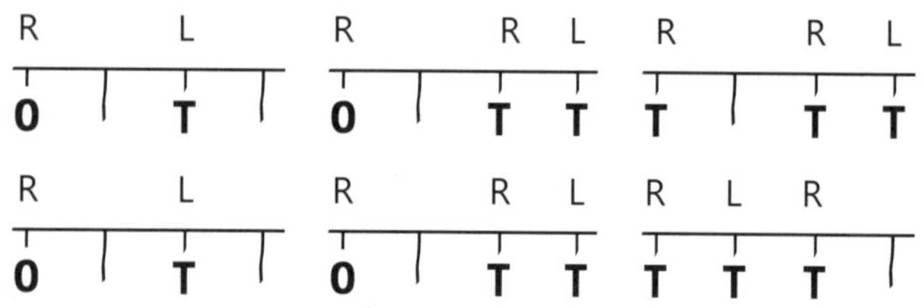
6*	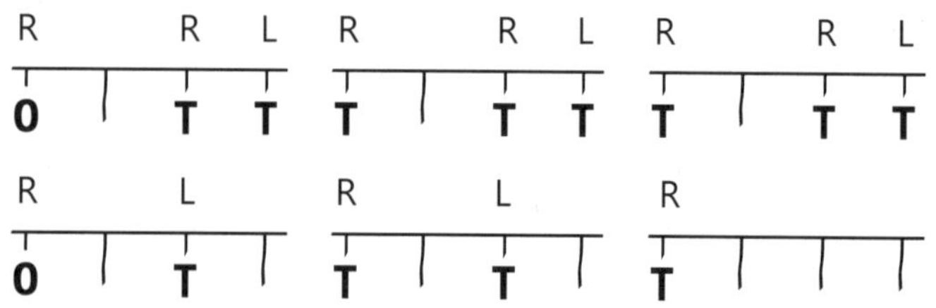

Übungen mit den äußeren Tonfeldern:

1*	R – – L	R – – L	R L R –
	0 – – 4	**5 – – 4**	**5 6 7 –**
	R – – L	R – – L	R L R –
	0 – – 4	**5 – – 4**	**5 4 3 –**
2*	R – L –	R L R –	R – R L
	0 – 6 –	**7 6 5 –**	**0 – T T**
	R – L –	R L R –	R – R L
	0 – 4 –	**5 4 3 –**	**0 – T T**
3*	R – L –	R L R –	R – R –
	5 – 4 –	**T 0 0 –**	**T – 1 –**
	R – L –	R L R –	R – R –
	3 – 4 –	**T 0 0 –**	**T – 1 –**
4*	R L R –	R – L –	R – R L
	0 6 8 –	**0 – 6 –**	**8 – T T**
	R L R –	R – L –	R – R L
	0 6 7 –	**0 – 6 –**	**7 – T T**
5	R – – L	R – R L	R – – –
	7 – – 6	**5 – 5 6**	**5 – – –**
	R – – L	R – L –	R – L –
	3 – – 4	**5 – 6 –**	**5 – 1 –**
6	R – R L	R – R L	R – R L
	0 – 1 2	**3 – 3 4**	**5 – 5 6**
	R – L –	R – L –	R – – –
	7 – 8 –	**7 – 6 –**	**5 – – –**

EXKURS 3 - RHYTHMUSÜBUNGEN

Auch diese Rhythmusstruktur kannst du als Trockenübung mit Silbensprache, Klatschen und Stampfen üben. Dieses Mal verwenden wir wieder die Silbenkombination TA KA DI MI

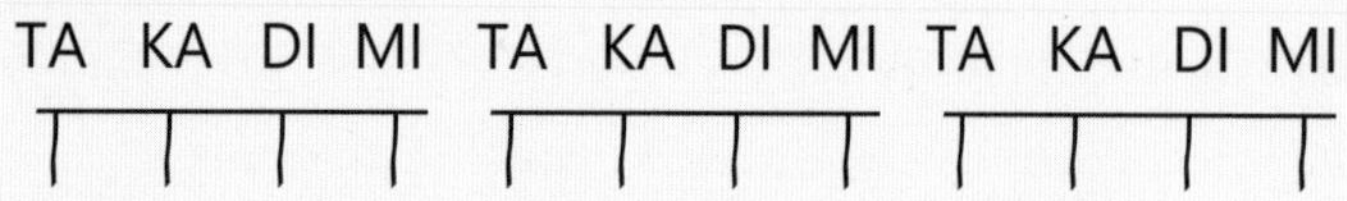

Übungsblock zum Klatschen und Sprechen:

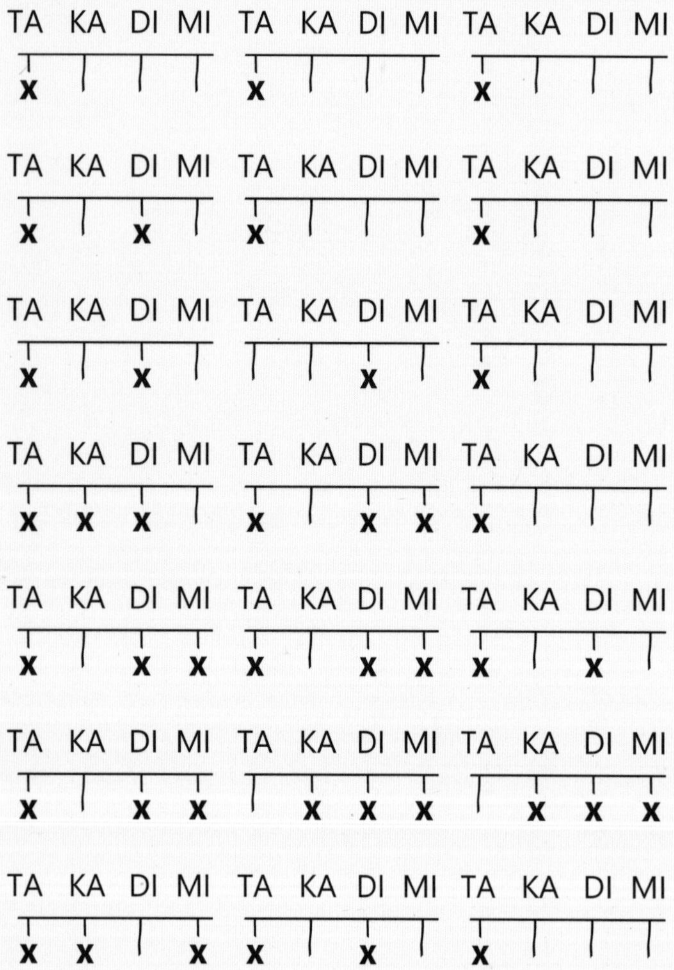

Der Beat kann nun immer auf der ersten Pulsation der Viererbündelung gestampft werden.

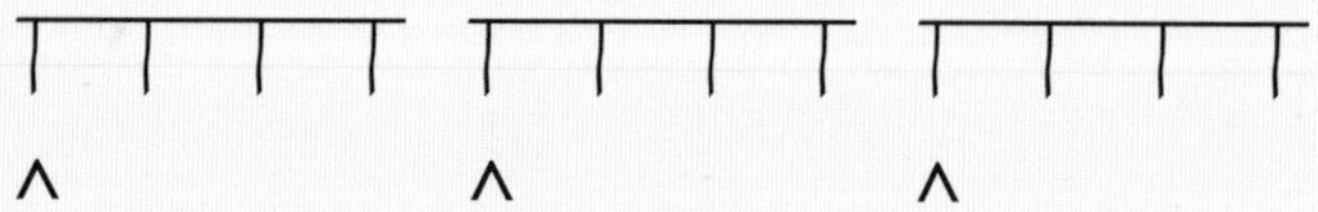

VIDEO
14

Taran-Tarantella

Vier Beats mit Dreierbündelung

Rhythmen wie süditalienische Tarantellas, Mazurken, Barkarolen, irische Jigs oder viele afrikanische und afro-kubanische Rhythmen werden in der klassischen Notation im 6/8-Takt notiert. Diese Rhythmen sind dadurch gekennzeichnet, dass die Beats jeweils ternär unterteilt werden.
Sie werden in unserer Pulsationsschrift meist mit einer 4x3-Struktur dargestellt. Meist werden diese Rhythmen in der Perkussionswelt einfach 3er-Rhythmen genannt.

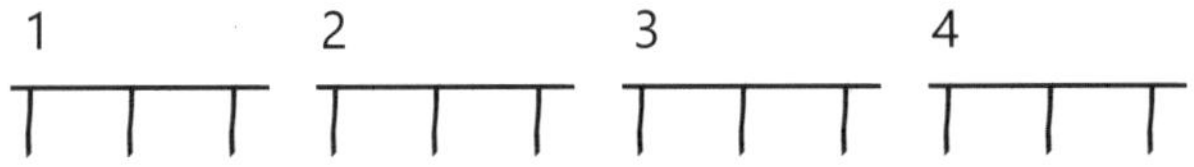

Übungen für 3er-Rhythmen:

1*	R		R	L		L	R		R	L		L
	0		**T**	**T**		**T**	**0**		**T**	**T**		**T**
2*	R		R	L			R		R	L		
	0		**T**	**0**			**0**		**T**	**0**		
3*	R		R	L	R	L	R		R	L	R	L
	0		**T**	**0**	**T**	**T**	**0**		**T**	**0**	**T**	**T**
4*	R	L	R		R	L	R	L	R		R	L
	0	**T**	**T**		**T**	**T**	**0**	**T**	**T**		**T**	**T**
5*	R		R	L		L	R		R	L	R	L
	0		**T**	**T**		**T**	**0**		**T**	**T**	**T**	**T**
6*	R		R	L		L	R		R	L		L
	0		**T**	**T**		**T**	**T**		**0**	**0**		**0**
7*	R		R	L		L	R		R	L	R	L
	0		**T**	**0**		**T**	**0**		**T**	**0**	**T**	**T**
8*	R	L	R	L	R	L	R		R	L		L
	0	**T**	**T**	**0**	**T**	**T**	**0**		**T**	**T**		**T**

Übungen mit den äußeren Tonfeldern:

1*	R R L L R R L R L **0 T T T 0 T 4 1 6** R R L L R R L R L **0 T T T 0 T 4 1 7**
2*	R R L R R L **7 3 4 7 3 4** R R L R R L R L **6 3 4 6 3 4 5 6**
3*	R R L R L R R L R L **0 1 1 5 4 0 1 1 5 4** R R L R L R R L R L **0 2 2 5 4 0 2 2 5 4**
4	R L R R L R L R R L **0 6 1 1 4 0 6 1 1 4** R L R R L R L R R L **0 7 1 1 4 0 7 1 1 4**
5	R R L R L R R L L **0 1 4 5 6 7 0 0 0** R R L R L R R L L **0 1 4 5 6 7 0 0 0** R R L R L R R L L **0 1 4 5 6 8 0 0 0** R R L R L R R L L **0 1 4 5 6 8 0 0 0**

3er-Rhythmen können sehr gut mit dem Übungsstück „Nightfall Twilight" (S. 102) trainiert werden.

EXKURS 4 - RHYTHMUSÜBUNGEN

Auch diese Rhythmusstruktur kann als Trockenübung mit Silbensprache, Klatschen und Stampfen geübt werden. Dieses Mal verwenden wir die Silbenkombination TA KI TE

TA KI TE TA KI TE TA KI TE TA KI TE

Übungsblock zum Klatschen und Sprechen:

TA KI TE TA KI TE TA KI TE TA KI TE
x x x x

TA KI TE TA KI TE TA KI TE TA KI TE
x x x x x x x x

TA KI TE TA KI TE TA KI TE TA KI TE
x x x x x x x x

TA KI TE TA KI TE TA KI TE TA KI TE
x x x x x x x x

TA KI TE TA KI TE TA KI TE TA KI TE
x x x x

TA KI TE TA KI TE TA KI TE TA KI TE
x x x x

TA KI TE TA KI TE TA KI TE TA KI TE
x x x x x x x

Der Beat kann nun immer auf der ersten Pulsation der Dreierbündelung gestampft werden.

^ ^ ^ ^

Veränderungen im Betonungsmuster

VIDEO
15

Manche Grooves haben ein sehr klares Betonungsmuster und lassen sich ziemlich eindeutig einer der drei Varianten (siehe S. 39) zuordnen. Bei anderen Rhythmen ist es nicht so eindeutig, da ihre Struktur mehrere Interpretationen zulässt oder sich das Betonungsmuster im Lauf des Rhythmus irgendwann ändert.

Die Überlagerungen und Verschiebungen der drei Varianten bieten ein großes Spielfeld mit vielen faszinierenden und kniffligen Grooves.

Übe folgende Grooves bitte mit Metronom. Der Metronomschlag markiert immer den Beat, also die erste Pulsation der Bündelung. Fang mit der langsamen Geschwindigkeit an und steigere sie nach und nach.

Hier einige Grooves als 4x3 notiert: (Metronomgeschwindigkeit 60, 72 oder 80)

1*	R R L L R R L L **0 T T 0 0 T T 0** R L R L R L **0 T 0 T 0 T**
2*	R R L L R R L L **0 1 4 0 0 1 6 0** R L R L R L **0 4 0 6 0 8**
3*	R R L R L R R L R L **0 T T T T 0 T T T T** R L R L R L **0 T 0 0 T 0**
4*	R R L R L R R L R L **0 1 4 1 1 0 1 6 1 1** R L R L R L **0 4 0 0 5 0**
5	R L R R R L L **0 0 0 T T T T** R L R L R L R L L

	0		0		0	0	T	T	T	T		T
6	R		L		R		R		R	L		L
	5		6		7		8		8	8		8
	R		L		R	L	R	L	R	L		L
	5		6		5	4	8	8	8	8		8
7	R		R	L		L	R		R	L		L
	0		0	0		0	T		T	T		T
	R		R	L	R		R	L	R		R	L
	0		T	T	0		T	T	0		T	T
8	R		R	L		L	R		R	L		L
	0		0	0		0	3		4	5		6
	R		R	L	R		R	L	R		R	L
	0		1	6	0		1	5	0		1	4

Hier einige Grooves in 6x2: (Metronomgeschwindigkeit 90, 108 oder 120)

1*	R		L		R	L	R		L		R	L
	0		T		T	T	0		T		T	T
	R		R	L		L	R		R	L		L
	0		T	T		T	T		T	T		T
2*	R		L		R	L	R		L		R	L
	0		4		1	4	0		4		1	4
	R		R	L		L	R		R	L		L
	0		5	6		6	7		7	8		8
3*	R		R	L	R		R		L		R	
	0		T	T	T		0		T		T	
	R		R	L		L	R		R	L		L
	0		T	0		T	0		T	0		T

4*	R · R L · R · R · L · R **0 · 1 1 · 1 · 0 · 6 · 5** R · R L · L · R · R L · L **0 · 7 6 · 6 · 5 · 5 4 · 4**
5	R · L · R · L · R · L **0 · T · 0 · T · 0 · 0** R · L · R · L · R L · L **0 · T · 0 · T · 0 T · T**
6	R · L · R · L · R · L **3 · 5 · 3 · 7 · 3 · 5** R · L · R · L · R L · L **2 · 4 · 2 · 6 · 2 4 · 4**
7	R · R L · R · R · R · L **0 · T T · T · 0 · T · T** R L · R · R · R · R L · R **0 T · T · 0 · T · 0 T · T**
8	R · R L · R · R · R · L **0 · 1 1 · 1 · 0 · T · T** R L · R · R · R · R L · R **0 4 · 5 · 0 · 6 · 0 4 · 5**

Hier einige Grooves in 3x4: (Metronomgeschwindigkeit 45, 54 oder 60)

Nr.	1	2	3	4	|	1	2	3	4	|	1	2	3	4
1*	R		R	L		R			L		R		R	
	0		**T**	**T**		**0**			**T**		**0**		**T**	
	R		R	L			L	R			R		L	
	0		**T**	**T**			**T**	**T**			**T**		**T**	
2*	R		R	L		R			L		R		R	
	0		**T**	**T**		**0**			**4**		**0**		**5**	
	R		R	L			L	R			L		R	
	0		**7**	**6**			**6**	**5**			**4**		**5**	
3*	R		R			R	L		L		R			
	0		**T**			**T**	**T**		**T**		**0**			
	R	L		R		L		R	L			R	L	
	0	**T**		**0**		**T**		**0**	**T**			**0**	**T**	
4*	R		R			R	L		L		R			
	0		**1**			**1**	**1**		**4**		**0**			
	R	L		R		L		R	L			R	L	
	0	**1**		**0**		**2**		**0**	**3**			**0**	**4**	
5	R					R	L	R			R		R	L
	0					**T**	**T**	**T**			**T**		**T**	**T**
	R					R	L		L		R		R	L
	0					**T**	**T**		**T**		**T**		**T**	**T**
6	R					R	L	R			R		R	L
	0					**1**	**4**	**5**			**6**		**1**	**4**
	R					R	L		L		R		R	L
	0					**1**	**4**		**4**		**5**		**5**	**6**

7	R L R L R R L R R **0 T T T 0 T T 0 T** R L R L R L R L R R **0 T T 0 T T 0 T 0 T**
8	R L R L R R L R R **0 T T T 0 T 8 0 8** R L R L R L R L R R **0 6 5 0 1 4 0 8 0 8**

Koordinationsübungen

VIDEO
16

Man kann den Charakter einer einfachen Melodie je nach Betonung und Akzentuierung sehr stark verändern. Versuche folgende Melodie mit der rechten Hand zu spielen:

	R R R R R R R R 8 6 7 8 8 6 7 8

Versuche mit der linken Hand nun folgende Rhythmen zu spielen:

1	L L L L L L 1 1 1 1 1 1
2	L L L L 1 1 1 1
3	L L L 1 1 1

Wenn du nun beide Rhythmen übereinander legst und eine Hand die Melodie und die andere Hand die Beatvariationen spielt, so wirst du merken, wie unterschiedlich die Rhythmen wirken.

1*	8 6 7 8 8 6 7 8 1 1 1 1 1 1
2*	8 6 7 8 8 6 7 8 1 1 1 1
3*	8 6 7 8 8 6 7 8 1 1 1

Versuche diese Übung auch mit anderen dir bekannten oder frei erfundenen Melodien.

8. FLAM

VIDEO
17

Ein Flam ist ein Vorschlag. Er wird ganz kurz vor dem Hauptschlag gespielt und meist als Verzierung des Hauptschlags wahrgenommen.

Flams können sowohl perkussive Sounds wie Taks und Slaps sein als auch Klänge der unterschiedlichen Tonfelder.
Sie werden mit etwas kleineren Symbolen und einem kleinen Bogen dargestellt.

Je nach Spielsituation spielt man den Vorschlag mit Links oder Rechts. Beide Varianten sollten geübt werden.

Der einfache Flam

Beim einfachen Flam wird vor einem Schlag ein Vorschlag gesetzt.
Achte darauf, dass Vorschlag und Hauptschlag nicht aus zwei getrennten Bewegungen mit den Armen bestehen. Die Hände sollten gemeinsam in einer Bewegung Richtung Instrument geführt werden und nur kurz versetzt am Klangfeld auftreffen. Der zeitliche Abstand der zwei Schläge sollte nicht zu lang und nicht zu kurz sein. Bei zu großem Abstand klingen sie wie zwei getrennte Schläge und nicht wie ein Schlag mit Verzierung. Bei zu kurzem Abstand klingen sie wie ein Ton oder, bei zwei getrennten Tonfeldern, wie ein Akkord.

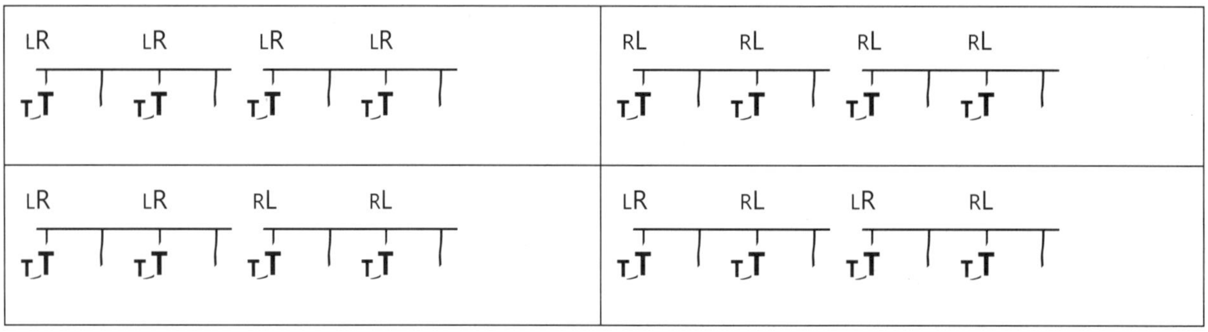

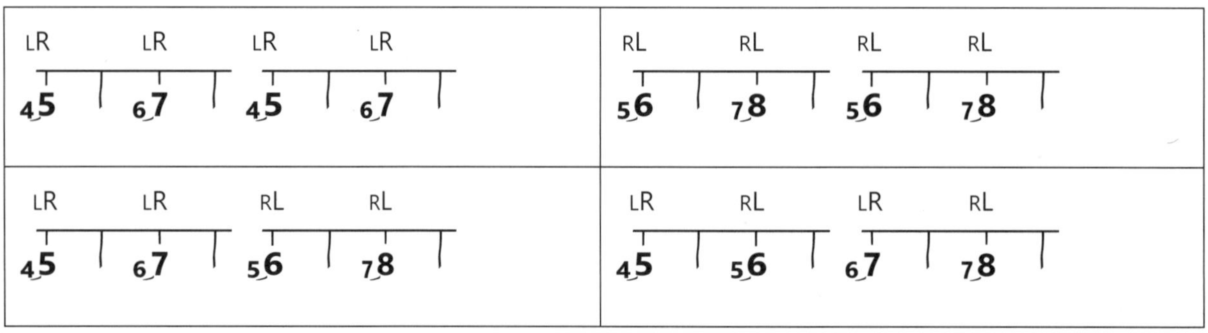

Übungen mit perkussiven Flams:

	1	2	3	4
1*	R L 0 0	LR (T)T	R L R 0 0 0	LR (T)T
2*	LR R L (T)T T T	L R 0 0	LR L (T)T T	R T
3*	LR R L (T)T T T	RL R L (T)T T T	LR L (0)0 0	RL (0)0
4*	LR L (0)0 0	RL R L (T)T T T	R LR R 0 (0)0 0	LR (T)T

Übungen mit den äußeren Tonfeldern:

	1	2	3	4
1*	LR RL (1)1 (2)2	LR RL (3)3 (4)4	LR RL (5)5 (6)6	LR RL (7)7 (8)8
	LR RL (9)9 (8)8	LR RL (7)7 (6)6	LR RL (5)5 (4)4	LR RL (3)3 (2)2
2*	LR RL (0)1 (1)2	LR RL (2)3 (3)4	LR RL (4)5 (5)6	LR RL (6)7 (7)8
	LR RL (8)9 (9)8	LR RL (8)7 (7)6	LR RL (6)5 (5)4	LR RL (4)3 (3)2
3	RL R (1)2 3	L 4	RL R (1)2 3	L 6
	RL R (1)2 3	L R 6 5	LR R (5)4 3	L 2

4																
	R		L		RL				R		L		RL			
	1		2		34				5		6		54			
	R		L		RL				R		L		RL			
	1		2		23		4		45		6		54			

Versuche nun auch, den folgenden Groove aus dem Startkapitel mit Flams zu variieren.

Groove 1	R		R	L		L	R		R		L		R		R	L
	0		T	0		0	T		0		T		T		T	T
Variation 1	R		R	L		L	R		LR		L		R		R	L
	0		T	0		0	T		88		8		8		T	T
	R		R	L		L	R		RL		R		L		R	L
	0		T	0		0	T		66		7		8		T	T
Variation 2	R		R	L		L	R		R		R		L		LR	L
	0		T	0		0	T		0		7		6		45	6
	R		R	L		L	R		R		LR		R		LR	L
	0		T	0		0	T		0		88		8		88	8
Variation 3	R		LR	L		L	LR		R		L		R		R	L
	0		TT	0		0	TT		0		6		7		7	6
	R		LR	L		L	LR		R		L		R		R	L
	0		TT	0		0	TT		0		6		7		8	8

Der doppelte und dreifache Flam

VIDEO
18

Beim doppelten Flam werden vor einem Schlag zwei Vorschläge gesetzt. Diese können mit einer einzigen Doppelschlagbewegung aus Mittel- und Ringfinger gemacht werden.
Beim dreifachen Flam kommt der Ringfinger auch noch dazu.

TTT	Doppel-Flam: Abfolge von Mittelfinger-Zeigefinger mit einer Hand und dann der Hauptschlag mit der anderen Hand
TTTT	Dreifach-Flam: Abfolge von Ringfinger-Mittelfinger-Zeigefinger mit einer Hand und dann der Hauptschlag mit der anderen Hand

Doppel-Flam:

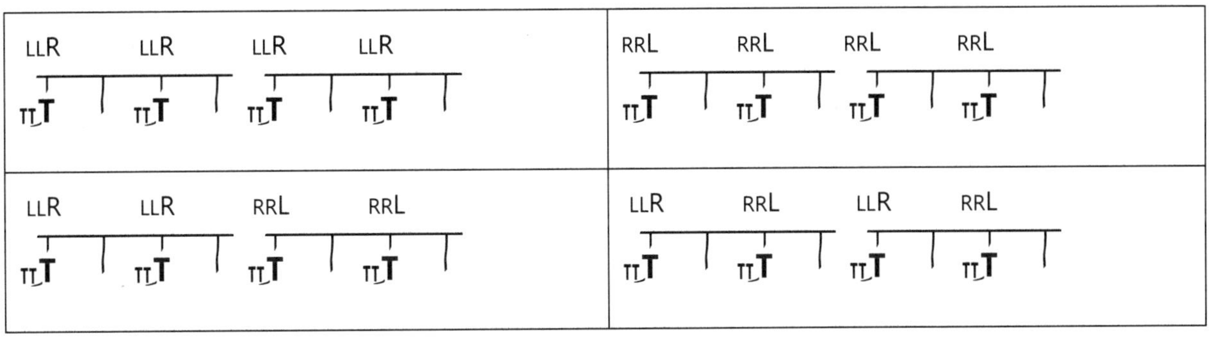

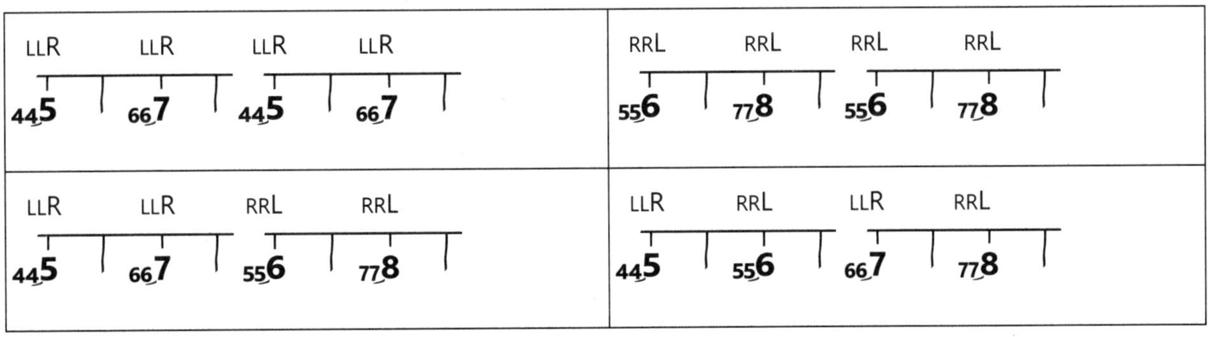

Dreifach-Flam:

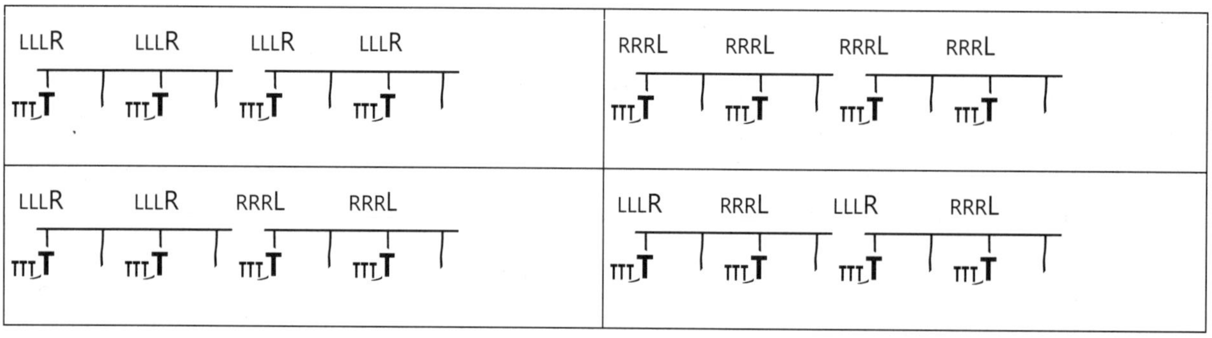

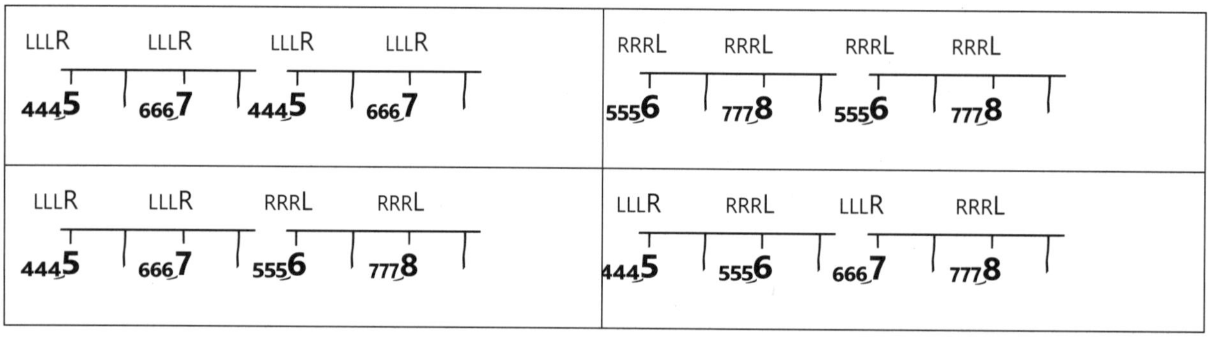

Gerne kannst du die Übungen zum einfachen Flam wiederholen und dieses Mal jeweils Doppel-Flams und Dreifach-Flams spielen.

Die Spieltechnik der Flams wird auch im Video 17 erklärt.

Flams können auch in den Stücken „La piuma bianca" (S. 90), „Jungle Spirit" (S. 93), „A Waltz for You" (S. 96), „Soft Landing" (S. 99) und „Dream Weaver" (S. 105) geübt werden.

9. DER KNACKSOUND MIT DEN KNÖCHELN

VIDEO **19**

Am Handpan kann man mit den Fingerknöcheln einen schönen knackigen perkussiven Sound erzeugen. Es gibt an der Hand jede Menge Fingerknöchel. Jeder Finger hat 3 Knöchel, einen zwischen dem ersten und zweiten Fingerglied, einen zwischen dem zweiten und dritten Fingerglied und einen zwischen dem dritten Fingerglied und der Mittelhand. Außer der Daumen, der hat nur zwei Knöchel. Insgesamt macht das vierzehn Knöchelchen pro Hand. Und tatsächlich, jeder davon ist einsetzbar und klingt auch ein bisschen anders! Gerne kannst du damit ein bisschen herumexperimentieren.
Ich verwende am liebsten den Knöchel zwischen dem ersten und zweiten Fingerglied des Mittelfingers. Dieser hat eine gute, leicht spielbare Position an der Hand und klingt sehr gut. Dazu muss die Hand folgende Position einnehmen. Sie kann als nicht ganz geschlossene Faust beschrieben werden.

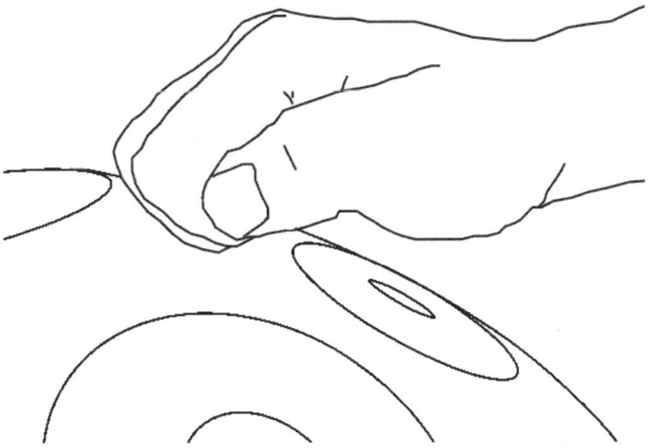

Der Knöchelsound wird wie der Slap an einer nicht klingenden Position am Instrument gespielt, irgendwo zwischen den Klangfeldern. Der Charakter des Sounds ist ähnlich wie das TAK oder der SLAP und kann dementsprechend auch ähnlich eingesetzt werden.

Das Notensymbol für den Knöchel-Sound ist das Dreieck:

Knöchel-Sound = ▼

Perkussive Übungen mit dem Knöchel-Sound:

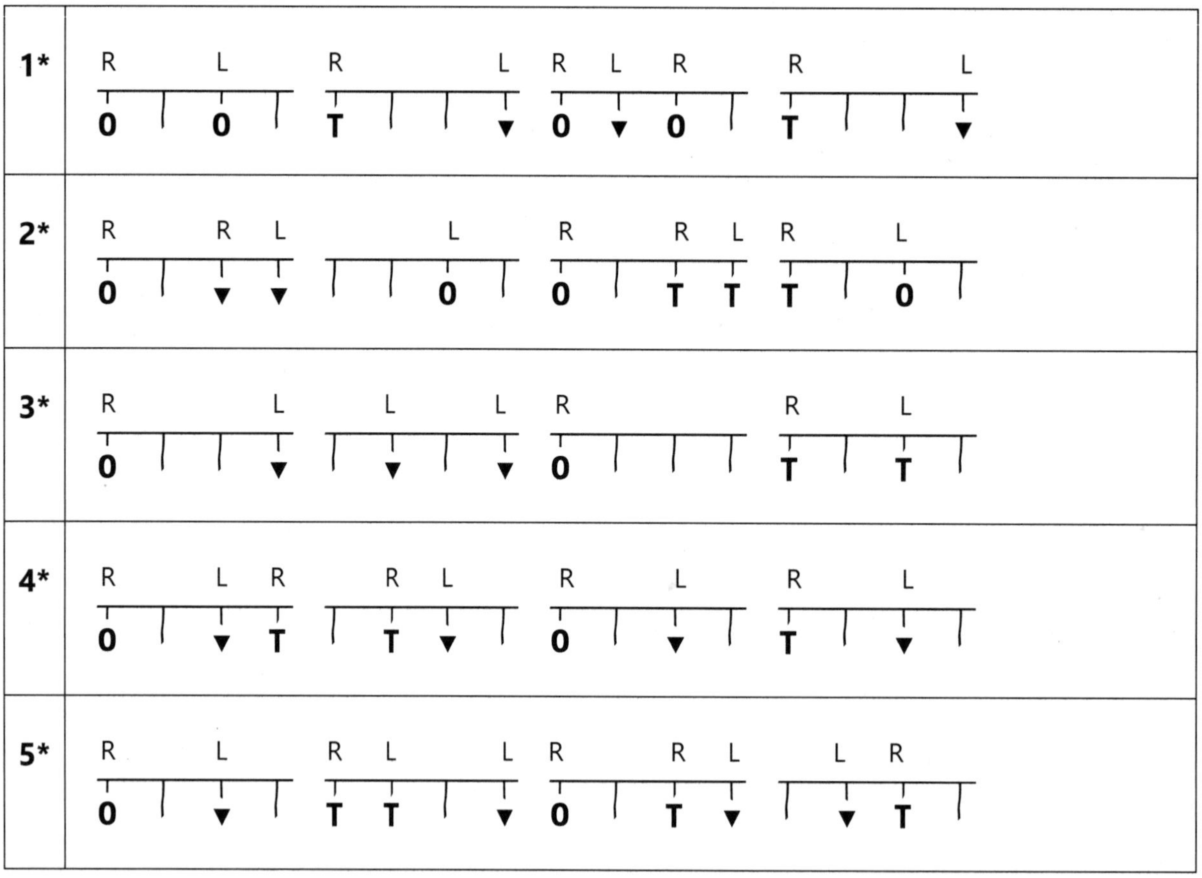

Melodische Übungen mit dem Knöchel-Sound:

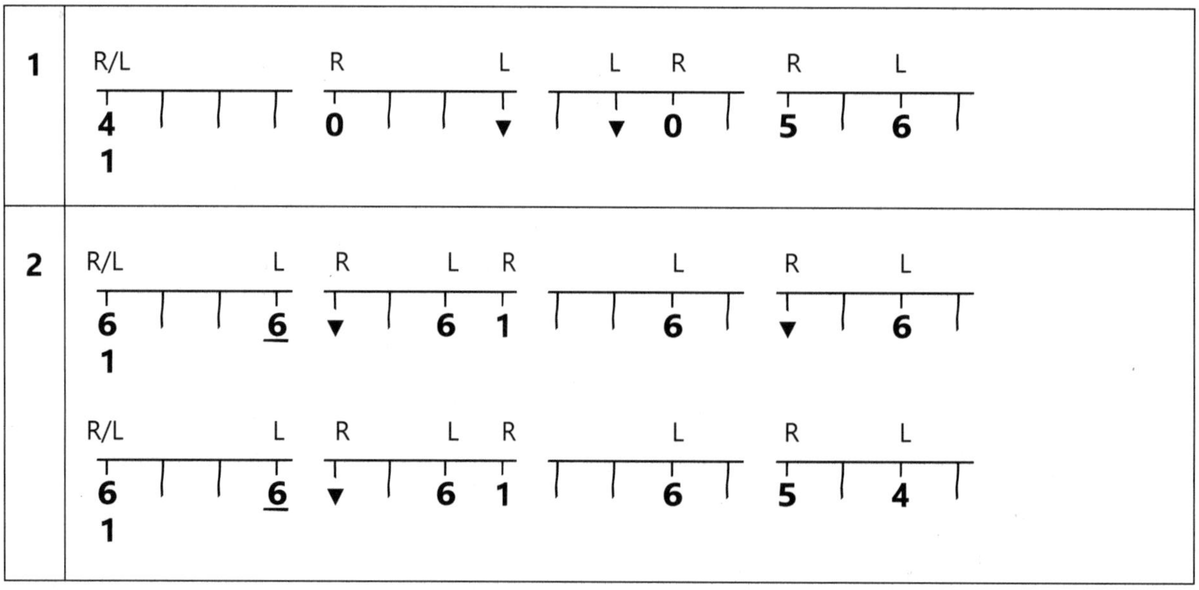

		1	2	3	4	5	6	7	8	9	10	11	12	13	14	15	16
3	Hand	R/L			L		L	R		L		L		R		L	
	Sound	**1 0**			▼		▼	**0**		**1**		**4**		**5**		**6**	
	Hand	R/L			L		L	R		L		R	L	R		L	
	Sound	**1 0**			▼		▼	**0**		**1**		**5**	**4**	**5**		**6**	
4	Hand	R		L	R		R	L		R		L		R		L/R	
	Sound	**0**		▼	**1**		**1**	▼		**0**		▼		**7**		▼ **5**	
	Hand	R		L	R		R	L		R		L		R		L/R	
	Sound	**0**		▼	**1**		**1**	▼		**0**		▼		**8**		▼ **6**	
5	Hand	R	L		L	R		L		R		L		R		L	
	Sound	**5**	**1**		**1**	▼		**1**		**3**		**4**		▼		**1**	

Du kannst nun die Grooves des Startkapitels noch mal üben. Dieses Mal ersetzt du die Taks manchmal durch den neuen Knöchel-Sound. Dabei entstehen sehr schöne Variationen.

Beispiel:

		1	2	3	4	5	6	7	8	9	10	11	12	13	14	15	16
Groove	Hand	R		R	L		L	R		R		L		R		R	L
	Sound	**0**		**T**	**0**		**0**	**T**		**0**		**T**		**T**		**T**	**T**
Variation 1	Hand	R		R	L		L	R		R		L		R		R	L
	Sound	**0**		**T**	**0**		**0**	**T**		**0**		▼		▼		**T**	**T**
Variation 2	Hand	R		R	L		L	R		R		L		R		R	L
	Sound	**0**		▼	**0**		**0**	**T**		**0**		▼		▼		**T**	**T**
Variation 3	Hand	R		R	L		L	R		R		L		R		R	L
	Sound	**0**		▼	**0**		**0**	▼		**0**		**T**		**T**		**T**	**T**

10. DER BASS-SOUND MIT DER FAUST

VIDEO
20

Am Handpan kann man mit einem Faustschlag einen schönen tiefen perkussiven Sound erzeugen.
Hierbei ist es sehr wichtig, dass das Loch auf der Unterseite offen ist, denn hier entweicht der Sound, der vorwiegend durch die Schwingung des Hohlraums im Instrument erzeugt wird.
Der Schlag sollte zwischen den Tonfeldern am nicht klingenden Teil des Instruments gemacht werden. Er sollte fest genug sein, um den Bass-Sound hörbar zu machen, aber nicht zu fest, damit das Instrument nicht beschädigt wird. Vor allem bei Instrumenten mit sehr dünnen Blechen oder bei nicht nitrierten Instrumenten sollte man sehr aufpassen. Das Instrument könnte sich sonst verstimmen.

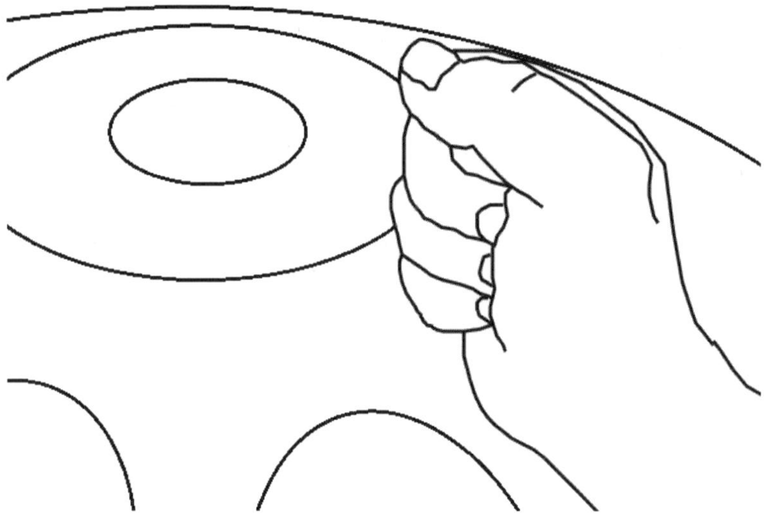

Der perkussive Bass-Sound wird mit folgendem Symbol dargestellt:

Bass = 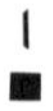

Der Charakter des Sounds ist etwas schwierig einzuordnen. Er klingt zwar auf den meisten Instrumenten sehr bassig, ist aber so trocken, dass er den Sound im zentralen Tonfeld nicht wirklich ersetzen kann. Daher ist der Einsatz des Faustschlags manchmal als Ersatz für das zentrale Tonfeld, manchmal aber auch als Ersatz für Taks, Slaps oder Knöchel-Sounds verwendbar.

Übungen mit dem perkussiven Bass-Sound:

1*	R R | L L | L R | R R L **0 0 | ■ ■ | ■ 0 | T T T**
2*	R L | R L | R L L | R L **0 T | ■ T | 0 T T | ■ T**
3*	R R L | L R | R L | R L **0 T ■ | ■ T | 0 T | ■ T**
4*	R L | R L | R L | R L **0 0 | ■ T | 0 0 | ■ T**
5*	R L | R R | R L | R R **0 0 | ■ 0 | – 0 | ■ –**

Melodische Übungen mit dem perkussiven Bass-Sound:

1	R R | L L | L R | R R L **5 5 | ■ ■ | ■ 3 | 1 3 4**
2	R L | R L | R L L | R L **0 4 | ■ 4 | 0 4 6 | ■ 8**
3	R R L | L R | R L | R L **4/1 T ■ | ■ T | 6/1 T | ■ T** R R L | L R | R L | R L **7/1 T ■ | ■ T | 5/1 T | ■ T**

4	R L	R L	R L	R L **5 4	■ T	5 6	■ 8**
5	R L	R R	R L	R R **0 0	■ 0	5 6	5 4** R L	R R	R L	R R **0 0	■ 0	5 4	3 1**

Du kannst die Grooves des Startkapitels noch mal üben. Dieses Mal ersetzt du die tiefen Töne des zentralen Tonfelds manchmal durch den neuen Bass-Sound. Dabei entstehen sehr schöne Variationen.

Beispiel:

Groove	R R L	L R	R L	R R L **0 T 0	0 T	0 T	T T T**
Variation 1	R R L	L R	R L	R R L **0 T ■	■ T	0 T	T T T**
Variation 2	R R L	L R	R L	R R L **■ T ■	■ T	0 T	T T T**
Variation 3	R R L	L R	R L	R R L **0 T 0	■ T	0 T	T T T**
Variation 4	R R L	L R	R L	R R L **■ T 0	0 T	■ T	T T T**

11. DER WIRBEL MIT RINGFINGER UND DAUMEN

VIDEO
21

Der Wirbel ist eine sehr schnelle Abfolge von Tönen, sodass beim Zuhörer der Eindruck eines anhaltenden Tons oder Akkords entsteht.
Eine sehr schöne Methode, diesen Effekt zu erzielen, ist der Wirbel mit Ringfinger und Daumen. Am leichtesten geht dieser Wirbel an zwei benachbarten Tonfeldern.
Die Tatsache, dass am Handpan zwei benachbarte Tonfelder meist einen sehr schönen Zweiklang bilden, macht diese Methode besonders interessant.

Für den Wirbel brauchen wir etwas Spannung in den Fingern und ganz viel Lockerheit im Handgelenk. Die Finger werden etwas gespreizt und zwischen Daumenspitze und Ringfingerspitze versuchen wir, viel Platz zu schaffen und zu dehnen. Diese zwei Fingerspitzen streben auseinander. In dieser Haltung lasse ich nun das Handgelenk ganz locker hin- und herdrehen. Die Fingerspitzen von Daumen und Ringfinger treffen im Wechsel auf zwei unterschiedlichen Tonfeldern auf und wirbeln sehr schnell hin und her.

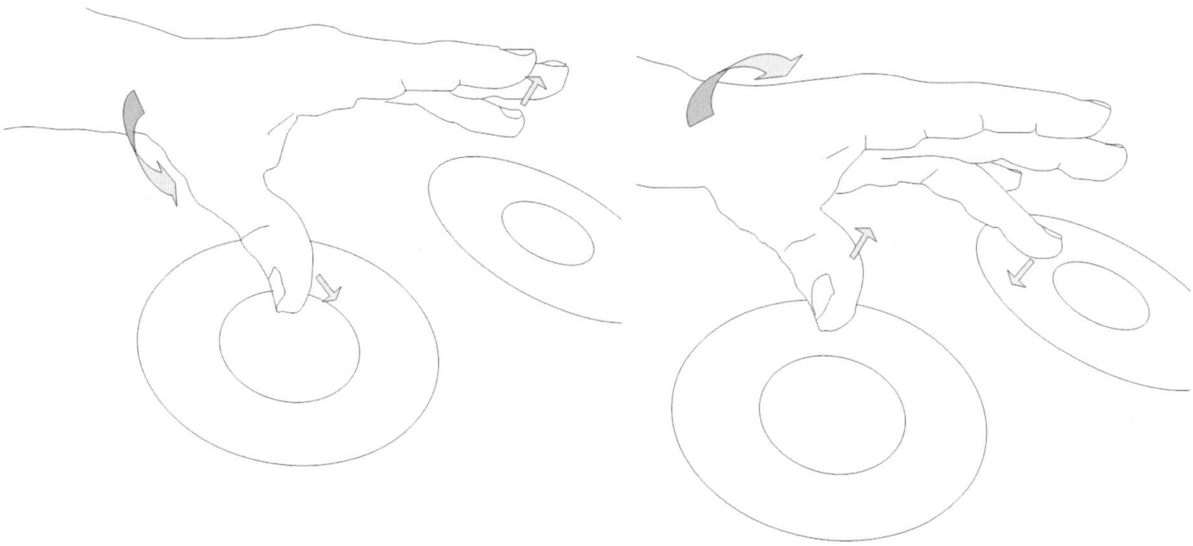

Notendarstellung eines Wirbels:

Ein Wirbel wird mit dem Symbol ~~~~~~~~ und den Zahlen der entsprechenden Tonfelder dargestellt.

Ein Wirbel auf den Tonfeldern 4 und 6 mit der rechten Hand	R ~~~~~~~~~~ 4 6 4 6 4 6 4 6
Ein Wirbel auf den Tonfeldern 3 und 5 mit der linken Hand	L ~~~~~~~~~~ 3 5 3 5 3 5 3 5

Übungen mit Wirbel: (hier kann rhythmisch sehr frei gespielt werden)

1*	R ~~~~~~~~~ R L R ~~~~~~~~~ R L **5** **6** **7** **6** 4 6 4 6 4 6 4 6 4 6 4 6 4 6 4 6
2*	R ~~~~~~~~~~~~~~~~~~~~~~ L ~~~~~~~~~~~~~~~~~~~~~~ 4 6 4 6 4 6 4 6 4 6 4 6 4 6 4 6 3 5 3 5 3 5 3 5 3 5 3 5 3 5 3 5 R ~~~~~~~~~~~~~~~~~~~~~~ L ~~~~~~~~~~~~~~~~~~~~~~ 2 4 2 4 2 4 2 4 2 4 2 4 2 4 2 4 1 3 1 3 1 3 1 3 1 3 1 3 1 3 1 3
3*	R ~~~~~~~~~~ L R L ~~~~~~~~~~ R L **6** **7** **5** **6** 4 6 4 6 4 6 4 6 3 5 3 5 3 5 3 5 R ~~~~~~~~~~ L R L ~~~~~~~~~~~~~~~~~~~~~~ **6** **5** 2 4 2 4 2 4 2 4 1 3 1 3 1 3 1 3 1 3 1 3 1 3 1 3

Es geht natürlich auch gleichzeitig. Eine Hand spielt einen Wirbel, die andere einzelne Töne:

4	R ~~~~~~~~~~~~~~~~~~~~~~ R~~~~~~~~~~~~~~~~~~~~~~ L L L L **4** **4** **4** **4** 6 8 6 8 6 8 6 8 6 8 6 8 6 8 6 8 6 8 6 8 6 8 6 8 6 8 6 8 6 8 6 8 L ~~~~~~~~~~~~~~~~~~~~~~ L~~~~~~~~~~~~~~~~~~~~~~ R R R R **3** **3** **3** **3** 5 7 5 7 5 7 5 7 5 7 5 7 5 7 5 7 5 7 5 7 5 7 5 7 5 7 5 7 5 7 5 7
5	R ~~~~~~~~~~~~~~~~~~~~~~ R~~~~~~~~~~~~~~~~~~~~~~ L L L L L L L **1** **1** **1** **1** **1** **1** **1** 6 8 6 8 6 8 6 8 6 8 6 8 6 8 6 8 6 8 6 8 6 8 6 8 6 8 6 8 6 8 6 8 R ~~~~~~~~~~~~~~~~~~~~~~ R~~~~~~~~~~~~~~~~~~~~~~ L L L L L L L **2** **2** **2** **2** **2** **2** **2** 6 8 6 8 6 8 6 8 6 8 6 8 6 8 6 8 6 8 6 8 6 8 6 8 6 8 6 8 6 8 6 8

Der Wirbel funktioniert auch mit dem zentralen Klangfeld. Sehr schön klingt das z. B. als Ende eines Stücks. Hier ein paar Beispiele für gute Abschlüsse. Das Klangfeld 4 steht hier für die Oktave. Sollte deine Oktave an einer anderen Position sein, verwende bitte diese.

1
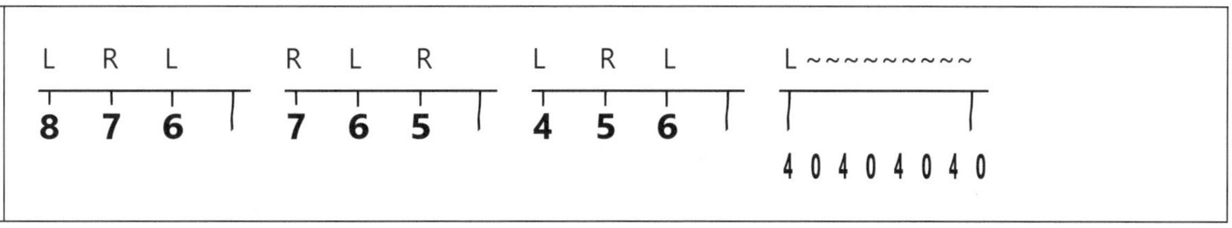

2
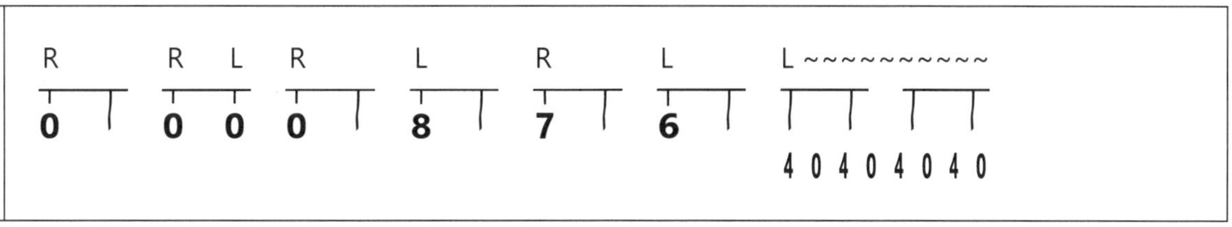

3
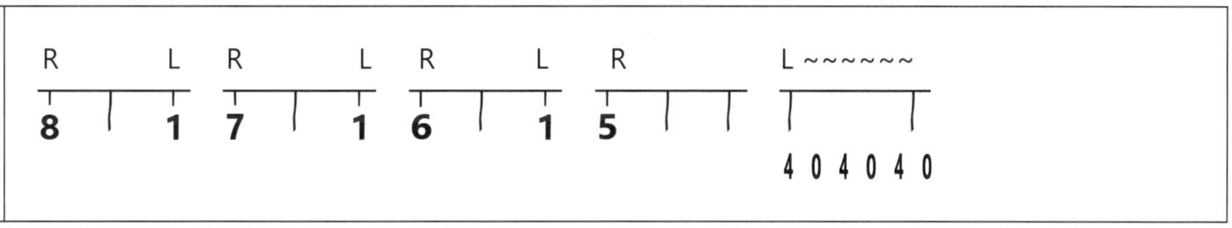

4
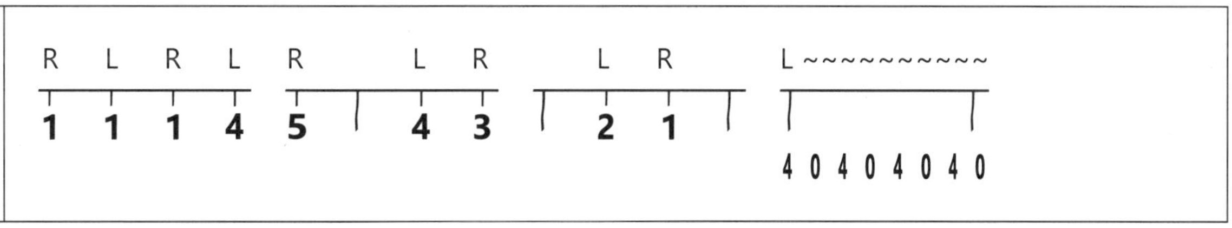

12. ISOLIERTE OBERTÖNE

VIDEO
22

Jedes Klangfeld am Handpan ist sehr exakt gestimmt. Bei den meisten Handpans sind bei jedem Ton neben dem Grundton auch einige Obertöne sehr gut eingestimmt. Die zwei sehr klar hörbaren Obertöne sind die Oktave (8) und die Quinte über der Oktave (5), auch Duodezime genannt. Diese beiden Obertöne schwingen immer gemeinsam mit dem Grundton des jeweiligen Klangfelds mit. Diese Tatsache trägt sehr viel zum wunderschönen Klang der Handpans bei. Wie stark die Obertöne hörbar sind, kann sich zwischen den Instrumenten unterschiedlicher Hersteller auch stark unterscheiden.

Es gibt nun eine besondere Spieltechnik, die es uns erlaubt, die Obertöne sehr gut hörbar zu machen. Wir können durch diese Technik den Grundton des Klangfelds etwas abdämpfen und den gewünschten Oberton isolieren und als Einzelton gut hörbar machen. Eine ähnliche Technik ist z. B. auch auf der Gitarre möglich. Dort nennt man diese isolierten Obertöne die Flageoletttöne. Die Obertöne klingen immer ein bisschen leichter, leiser und verhaltener als die Grundtöne.

Um die Obertöne zu isolieren, muss das Klangfeld an einem bestimmten Punkt mit einem Finger leicht abgedämpft und an einem anderen Punkt angeschlagen werden. Die einfachste Methode ist dabei, beide Hände zu nutzen. Eine Hand dämpft das Klangfeld leicht ab. Die andere Hand schlägt das Klangfeld an.
Die Klangfelder am Handpan sind meist leicht oval. Dies erleichtert uns das Lokalisieren der richtigen Punkte. Es gibt eine lange und eine kurze Achse.

Lange Achse

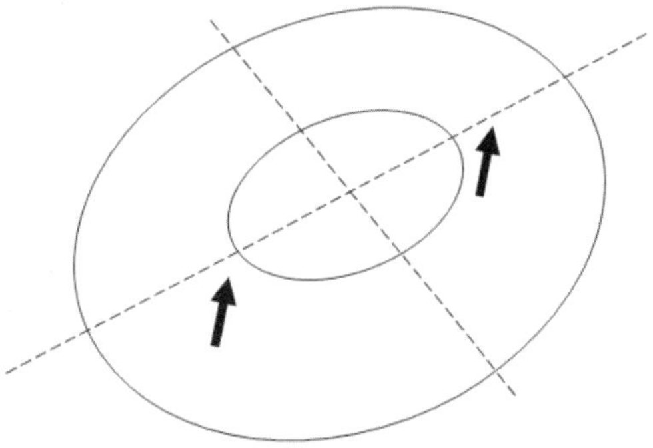

Kurze Achse

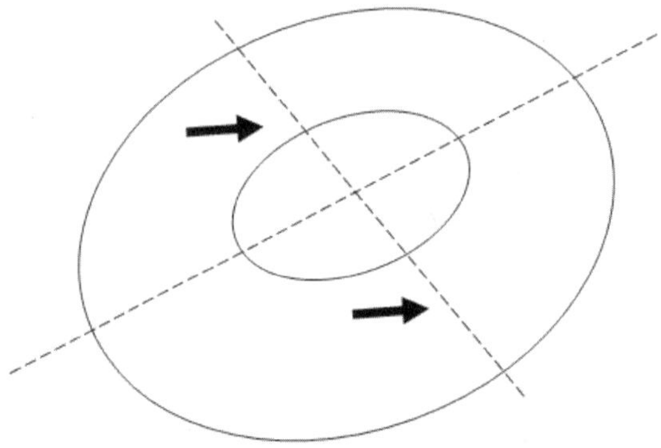

Der dämpfende Finger darf nur ganz leicht aufgelegt werden, ohne viel Druck auszuüben. Der beste Punkt ist meist sehr weit innen auf der Achse, direkt an der Kante zur inneren Mulde. Das Anlegen des dämpfenden Fingers kann entweder hörbar sein oder ganz sanft und fast unhörbar geschehen. Beide Varianten haben ihren Reiz.
Der schlagende Finger kann ruhig mit Kraft auftreffen. Der beste Punkt ist meist auf der entsprechenden Achse sehr weit außen, fast am Rand des Klangfelds.

Symbol für die Oktave = 8
Symbol für die Duodezime (Quint) = 5

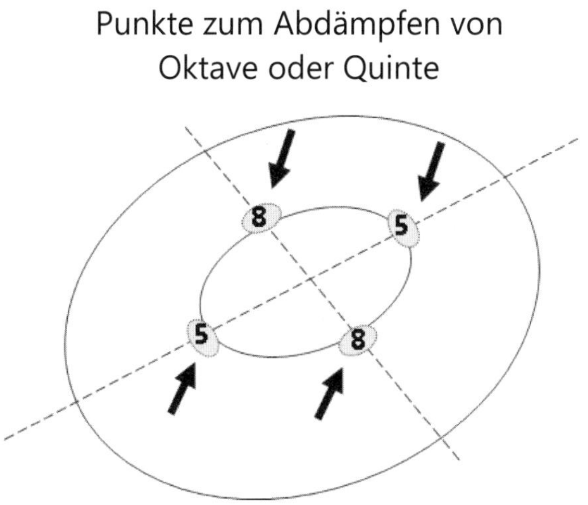

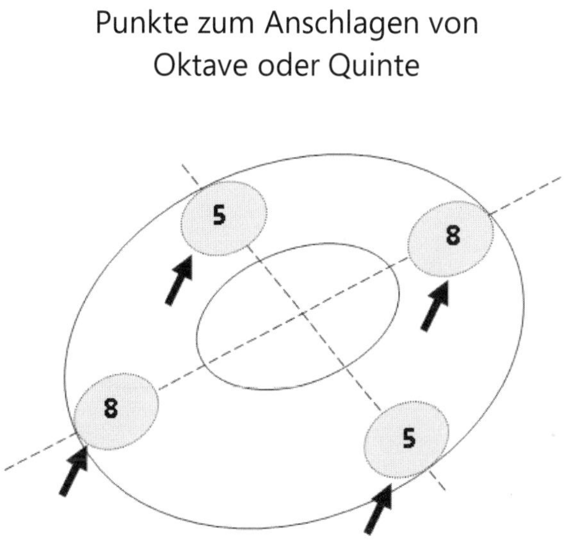

Die zwei Obertöne werden nun wie folgt gespielt:

Oberton Oktave (8): Hier wird an einem Punkt der kürzeren Seite abgedämpft, direkt an der Kante zur inneren Mulde. Dabei sollte der Finger nur ganz leicht, ohne viel Druck, aufgelegt werden. An einem der zwei Punkte der längeren Seite wird das Tonfeld angespielt.

Dies kann mit links-rechts geschehen:

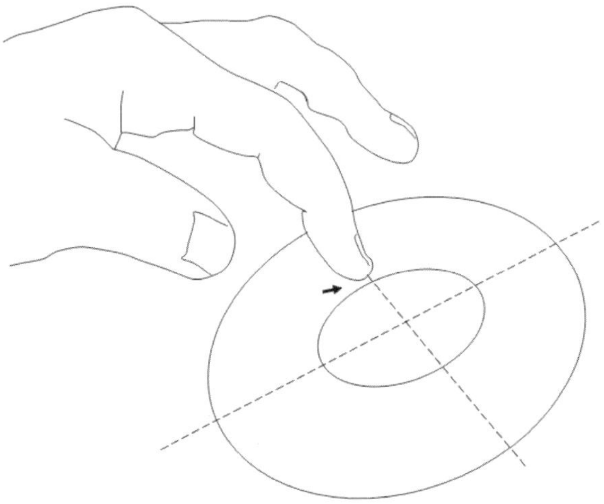

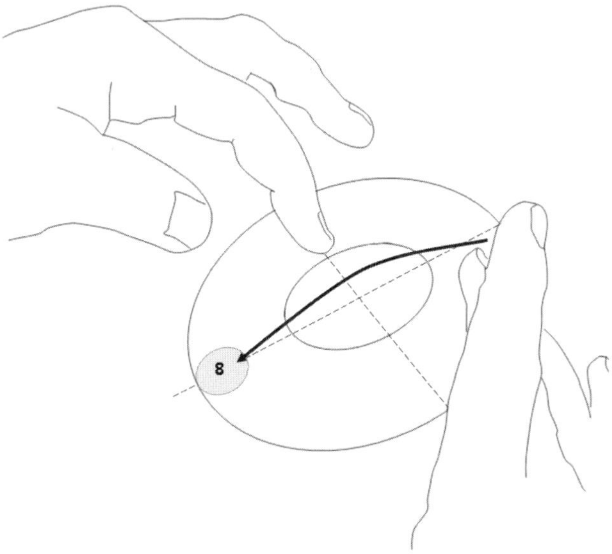

Oder mit rechts-links:

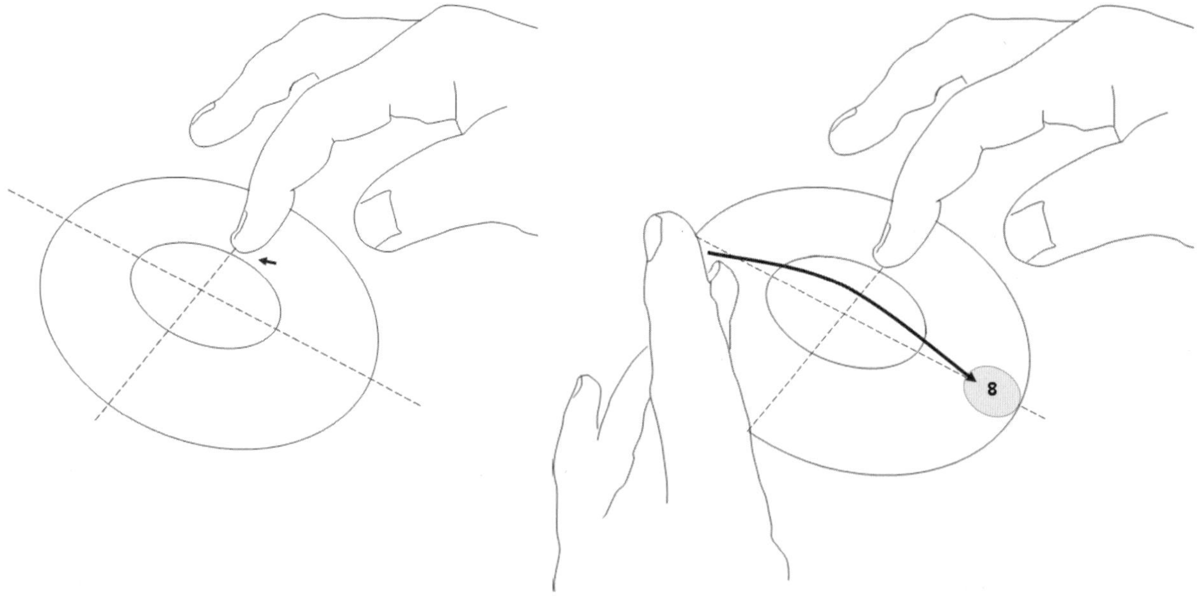

Hierbei ist es egal, welchen der beiden Punkte der jeweiligen Achse du zum Abdämpfen und Anspielen nimmst. Jede Achse hat ja zwei Punkte.

Je nachdem an welcher Stelle des Instruments du dich befindest und wie das ovale Feld ausgerichtet ist, kann sich der Punkt zum Abdämpfen und der Punkt zum Anspielen etwas verändern. Manchmal ist es leichter und ergonomischer, mit rechts zu dämpfen und mit links zu spielen. An anderen Stellen vielleicht umgekehrt.

Oberton Quinte (5): Hier wird an einem Punkt der längeren Seite abgedämpft (den Finger nur ganz leicht auflegen, ohne viel Druck) und an einem Punkt der kürzeren Seite gespielt.

Dies kann mit links-rechts geschehen:

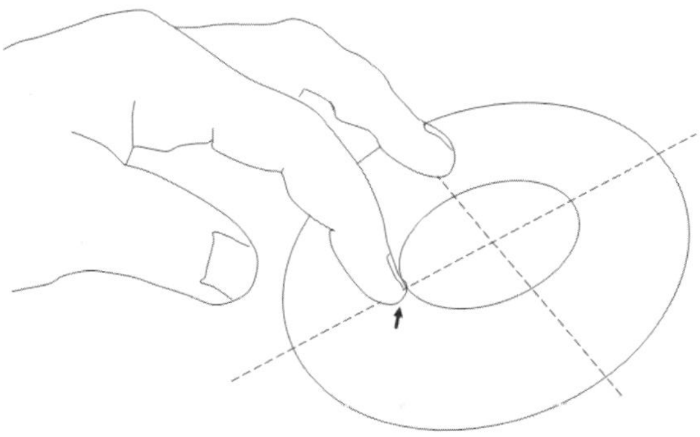

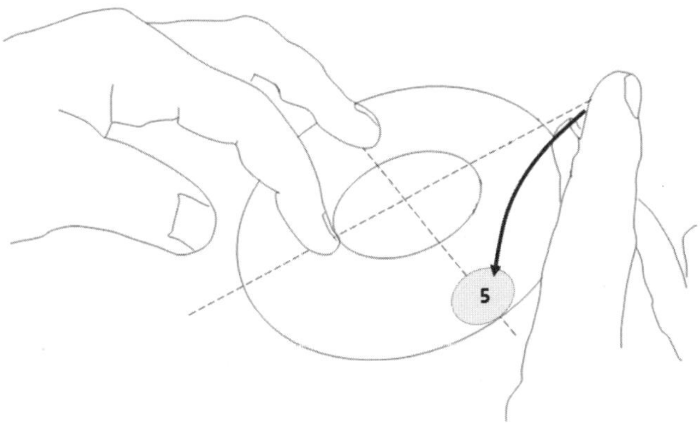

Oder mit rechts-links:

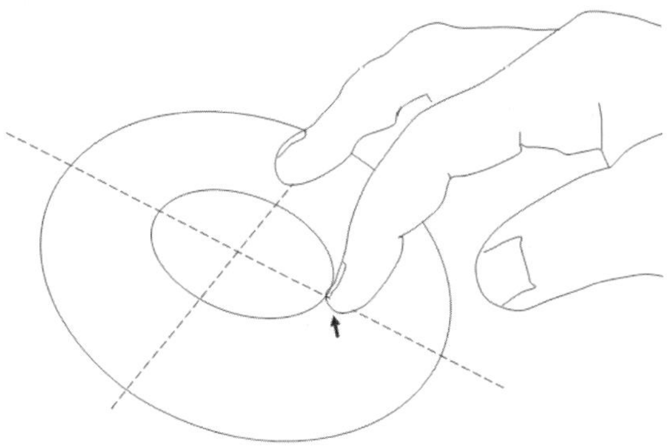

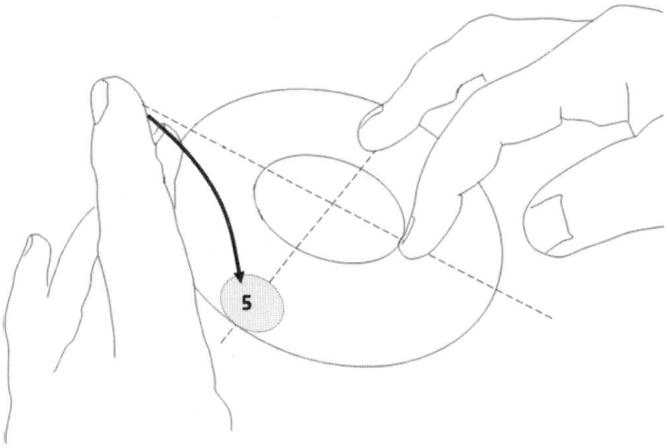

Notendarstellung der isolierten Obertöne:

Der Punkt steht für die Berührung des Instruments mit dem Finger zum Abdämpfen. Die erste Zahl ist die Zahl des Tonfelds. Die hochgestellte 8 zeigt die Oktave an, die hochgestellte 5 zeigt die Quinte an.

Beginnen wir mit dem zentralen Tonfeld.
Bei der ersten Übung kannst du im Wechsel den Punkt zum Abdämpfen berühren und dann den Punkt der anderen Achse anschlagen.
Bewegung 1 = abdämpfen
Bewegung 2 = anschlagen

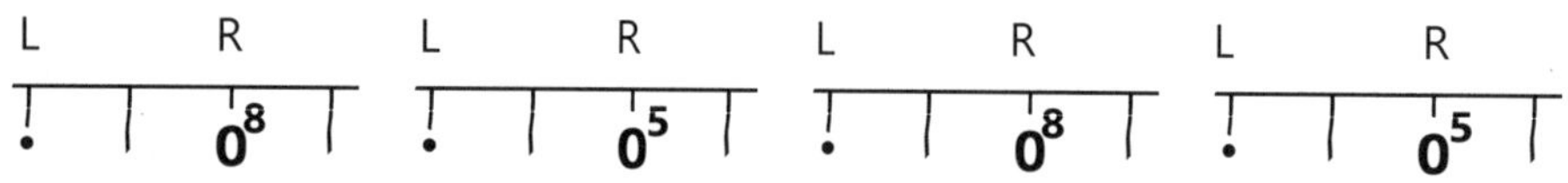

Nun etwas schneller:

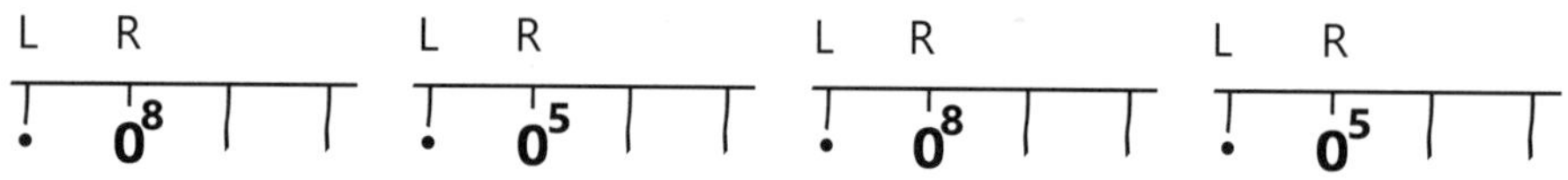

Bei den nächsten Übungen kannst du den Punkt zum Abdämpfen erst kurz vor dem Schlag berühren. In diesem Fall ist die Abdämpfbewegung wie eine Art Vorschlag. Die zwei getrennten Bewegungen werden hier immer mehr zu einer Kombinationsbewegung. Das Auflegen sollte hier eher unhörbar geschehen.

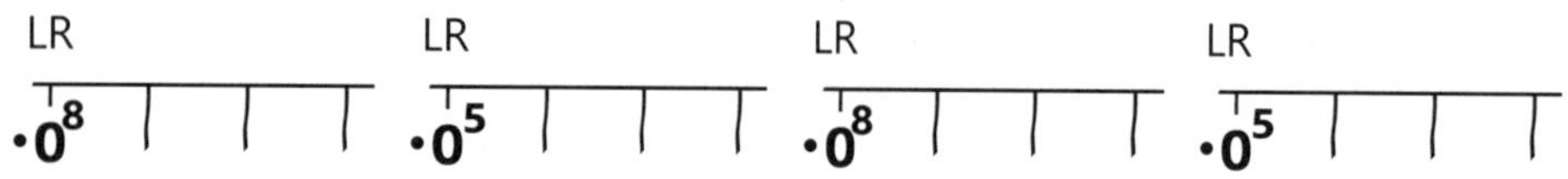

Gerne kannst du auch alles seitenverkehrt mit rechts-links üben.

Nun kannst du versuchen, die isolierten Obertöne mit den normalen Tönen zu kombinieren.

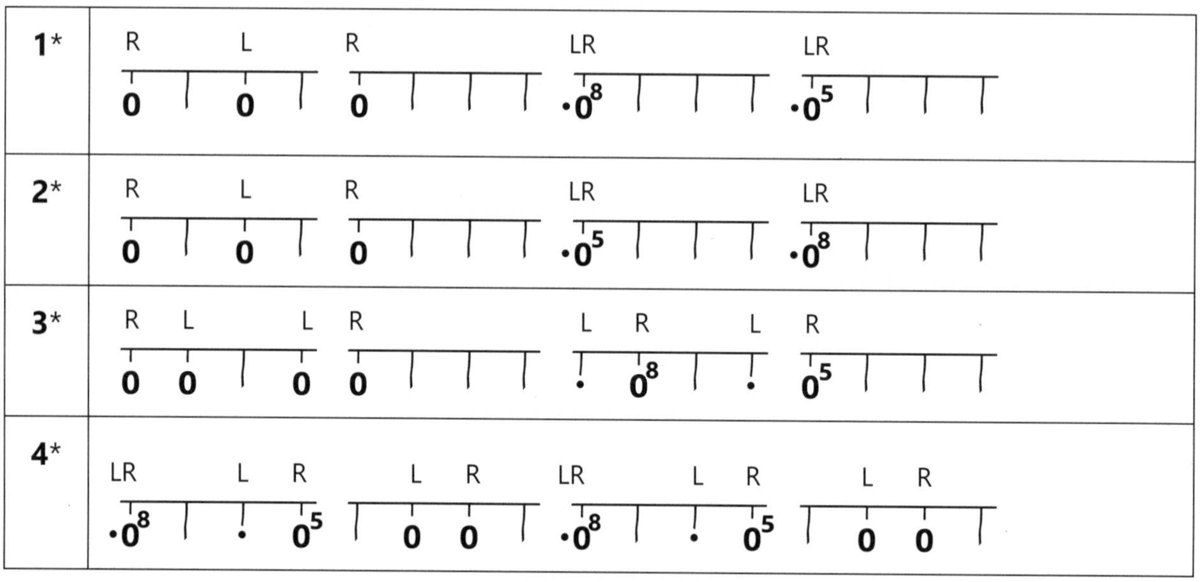

Übungen mit den äußeren Tonfeldern:

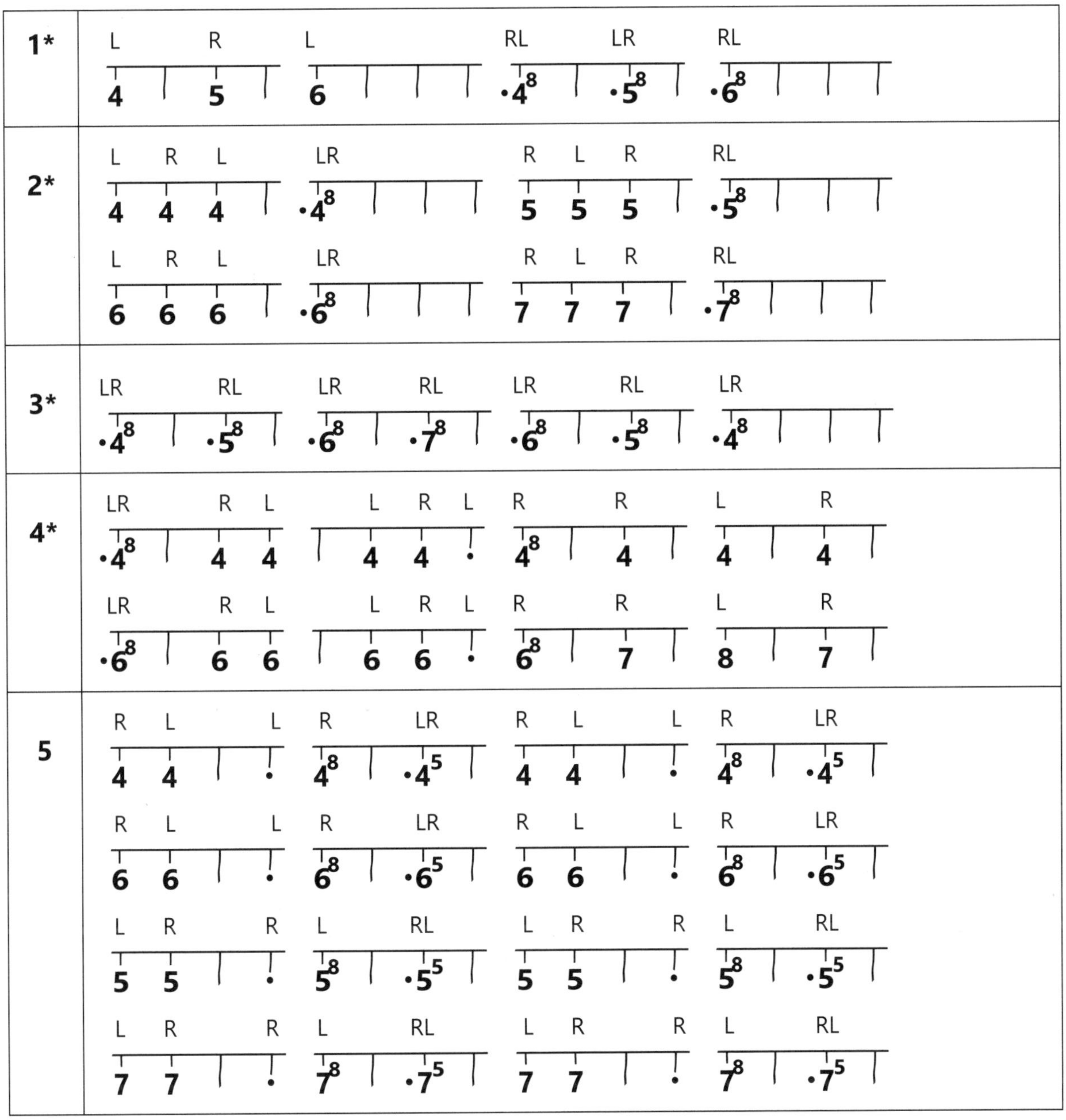

Hier nun ein Groove aus dem Startkapitel mit isolierten Obertönen variiert:

Groove	R R L L R R L 0 0 T T 0 x x
Variation 1	R R L L R LR LR 0 0 T T 0 $\cdot 4^{8}$ $\cdot 4^{5}$ R R L L R LR LR 0 0 T T 0 $\cdot 6^{8}$ $\cdot 6^{5}$
Variation 2	LR R L L R R LR $\cdot 4^{8}$ 0 T T 0 x $\cdot 4^{5}$ LR R L L R R LR $\cdot 6^{8}$ 0 T T 0 x $\cdot 6^{5}$

Die isolierten Obertöne werden auch am Ende der Übungsstücke „A Walz for You" (S. 96) und „Soft Landing" (S. 99) verwendet.

13. UNABHÄNGIGKEITSÜBUNGEN

VIDEO
23

Beim Handpanspiel brauchen wir sehr oft eine gewisse Unabhängigkeit der beiden Hände. Rechts und links unabhängig voneinander zu bewegen, fordert unsere Koordinationsfähigkeit stark heraus.
Die nächsten Übungen sind sehr wertvoll, um diese Unabhängigkeit immer weiter zu trainieren. Die Übungen beginnen noch relativ einfach und steigern sich nach und nach.

Einfache Pendelbewegung plus Melodie

Bei den nächsten Übungen geht es darum, dass eine Hand einen Rhythmus kontinuierlich mit einer einfachen Pendelbewegung spielt und die andere Hand unterschiedliche Rhythmus-Patterns darüber spielt.

Eine Hand spielt immer die Abfolge 0 und 1.

	0 1	0 1	0 1	0 1

Die andere Hand spielt nun unterschiedliche Patterns dazu. Versuche die Übungen mit beiden Händen. Einmal spielt die rechte Hand die Pendelbewegung und dann die linke Hand. Spiele folgende Übungen und finde anschließend deine eigenen Melodieabfolgen.

1*	8 8 0 1	8 0 1	6 6 0 1	6 0 1
2*	8 8 8 0 1	8 8 0 1	6 6 6 0 1	6 6 0 1
3*	4 4 8 0 1	8 8 0 1	4 4 7 0 1	7 7 0 1
4*	5 8 5 0 1	8 8 0 1	5 7 5 0 1	7 7 0 1
5*	8 8 0 1	8 6 0 1	7 7 0 1	7 6 0 1

Komplexere Pendelbewegung plus Melodie

Bei den nächsten Übungen macht eine Hand einen Rhythmus mit einer wechselnden Pendelbewegung, während die andere Hand unterschiedliche Rhythmus-Patterns darüber spielt.

Eine Hand spielt eine Zeile lang die Abfolge 0 und 1 und dann eine Zeile die Abfolge 0 und 2. Besonders bei der Kurd-Stimmung ergibt das eine sehr schöne, spannungsreiche Abfolge.

	0		1		0		1		0		1		0		1	
	0		2		0		2		0		2		0		2	

Die andere Hand spielt wieder unterschiedliche Patterns dazu. Versuche auch diese Übungen mit beiden Händen. Einmal spielt die rechte Hand die Pendelbewegung und dann die linke Hand. Spiele folgende Übungen und finde anschließend deine eigenen Melodieabfolgen.

1*	4			4			4		6			6			6	
	0		1		0		1		0		1		0		1	
	5			5			5		7			7			7	
	0		2		0		2		0		2		0		2	
2*	4		4	4			8		6		6	6			6	
	0		1		0		1		0		1		0		1	
	7		7	7			7		5							
	0		2		0		2		0		2		0		2	
3*	4		4		4	4		4	6		6		6	6		6
	0		1		0		1		0		1		0		1	
	5		5		5	5		5	7							
	0		2		0		2		0		2		0		2	
4*	8	8		8	8		6		7		7		7		7	
	0		1		0		1		0		1		0		1	
	5	5		5	5		4		6		6		6		6	
	0		2		0		2		0		2		0		2	

Wechselnde Pendelbewegung plus Melodie

Eine wunderbare Übung ist die wechselnde Pendelbewegung.
Hier kann zum Beispiel eine Zeile lang die linke Hand die Pendelbewegung machen und in der nächsten Zeile übernimmt die andere Hand diese Funktion. Dieser permanente Wechsel der Aufgaben für die zwei Hände ist koordinativ eine große Herausforderung, aber eine sehr gute Übung zur Steigerung der Flexibilität.

Die Abfolge 0 und 1 wird in der ersten Zeile mit der rechten Hand, in der zweiten Zeile mit der linken Hand gespielt.

	R		R		R		R		R		R		R		R	
	0		1		0		1		0		1		0		1	
	L		L		L		L		L		L		L		L	
	0		1		0		1		0		1		0		1	

Zu dieser Grundbewegung kann nun die jeweils freie Hand eine Melodie spielen:

1*	4			4			4		6			6			6	
	0		1		0		1		0		1		0		1	
	5			5			5		7			7			7	
	0		1		0		1		0		1		0		1	
2*	4		6		4	4		4	4		6		4	4		4
	0		1		0		1		0		1		0		1	
	5		7		5	5		5	5		7		5	5		5
	0		1		0		1		0		1		0		1	
3*	4		6		8				4	4		6	8			
	0		1		0		1		0		1		0		1	
	3		5		7				3	3		5	7			
	0		1		0		1		0		1		0		1	

Lange Pendelbewegung plus Melodie

Bei dieser Übung geht die Pendelbewegung sowohl über 0-1 als auch über 0-2 und 0-3. Die Hand kann dabei in jeder Zeile gleich bleiben (wie im Video) oder wechseln (wie in der Notation).

	R	R	R	R	R	R	R	R
	0	1	0	1	0	1	0	1
	L	L	L	L	L	L	L	L
	0	2	0	2	0	2	0	2
	R	R	R	R	R	R	R	R
	0	3	0	3	0	3	0	3
	L	L	L	L	L	L	L	L
	0	2	0	2	0	2	0	2

Versuche nun, mit der jeweils freien Hand folgende Melodie dazuzuspielen:

1*	8			8			8			8			8			
	0		1		0		1		0		1		0		1	
	7			7			7			7			7			
	0		2		0		2		0		2		0		2	
	6			6			6			6			6			
	0		3		0		3		0		3		0		3	
	7			7			7			7			7			
	0		2		0		2		0		2		0		2	
2*	8			7			8			7			8			
	0		1		0		1		0		1		0		1	
	7			6			7			6			7			
	0		2		0		2		0		2		0		2	
	6			5			6			5			6			
	0		3		0		3		0		3		0		3	
	7			6			7			6			7			
	0		2		0		2		0		2		0		2	

Viererbewegung plus Melodie

Bei den nächsten Übungen gibt es wieder eine Steigerung. Eine Hand spielt statt der Pendelbewegung eine Viererbewegung.

Eine Hand spielt immer die Abfolge 0-1-2-1

	0		1		2		1		0		1		2		1	

Die andere Hand spielt nun wieder unterschiedliche Patterns dazu. Versuche die Übungen mit beiden Händen. Versuche ruhig, deine eigene Melodieabfolge zu finden.

1*	8				8				6				6			
	0		1		2		1		0		1		2		1	
	8				8				7				7			
	0		1		2		1		0		1		2		1	
2*	8		8	8		8	8		6		6	6		6	6	
	0		1		2		1		0		1		2		1	
	7		7	7		7	7		5							
	0		1		2		1		0		1		2		1	
3*	6			4			4		6			4			4	
	0		1		2		1		0		1		2		1	
	7			4			4		7			4			4	
	0		1		2		1		0		1		2		1	

Die Pendelbewegung in anderen Taktarten

Auch in anderen Taktarten kann mit diesem System gearbeitet werden und mit unterschiedlichen Pendelbewegungen und dazugespielten Melodien der anderen Hand können sehr schöne Grooves erzeugt werden. Hier einige Beispiele.

Übungen für eine 3x4-Struktur (3/4-Takt):

1	7 6 5 0 1 0 1 0 1 4 5 6 0 2 0 2 0 2
2	4 4 4 6 0 1 0 1 0 1 4 4 4 6 0 2 0 2 0 2
3	6 6 6 6 0 1 0 2 0 3 7 7 7 7 0 1 0 2 0 3

Übungen für einen Rhythmus mit 4x3-Struktur (6/8-Takt):

1	8 8 7 7 0 1 0 1 0 1 0 1 5 5 6 6 0 1 0 1 0 1 0 1
2	8 8 8 7 7 7 0 1 0 1 0 1 0 1 5 5 5 6 6 6 0 1 0 1 0 1 0 1

3	**8 8 8 8** **0 1 0 1 0 1** **6 6 6 6** **0 1 0 1 0 1**
4	**8 8 7 7** **0 1 0 1 0 1** **6 6 6 6** **0 1 0 1 0 1**
5	**8 8 8 7 7 7** **0 1 0 1 0 1** **6 6 6 6 6 6** **0 1 0 1 0 1**
6	**8 8 8 8 8 8 8** **0 1 0 1 0 1** **7 7 7 7 7 7 6** **0 2 0 2 0 2**

EXKURS 5 - RHYTHMUSÜBUNGEN

Eine wunderbare Übung zum Festigen des eigenen inneren Rhythmus ist das Spielen einer regelmäßigen Pulsation und das Sprechen und Singen dazu.
Spiel auf deinem Instrument eine regelmäßige Abfolge von leisen Taps.

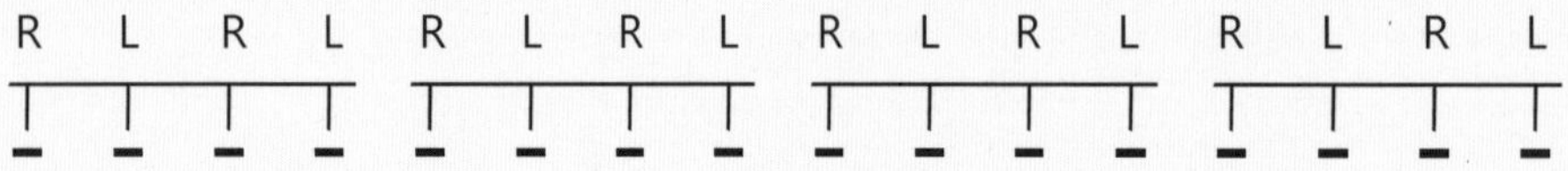

Sprich nun die Zahlen der Klangfelder am Instrument. Ideal ist es, wenn du die Töne deines Instruments nachsingen kannst.

Übungsblock zum Spielen und Sprechen:

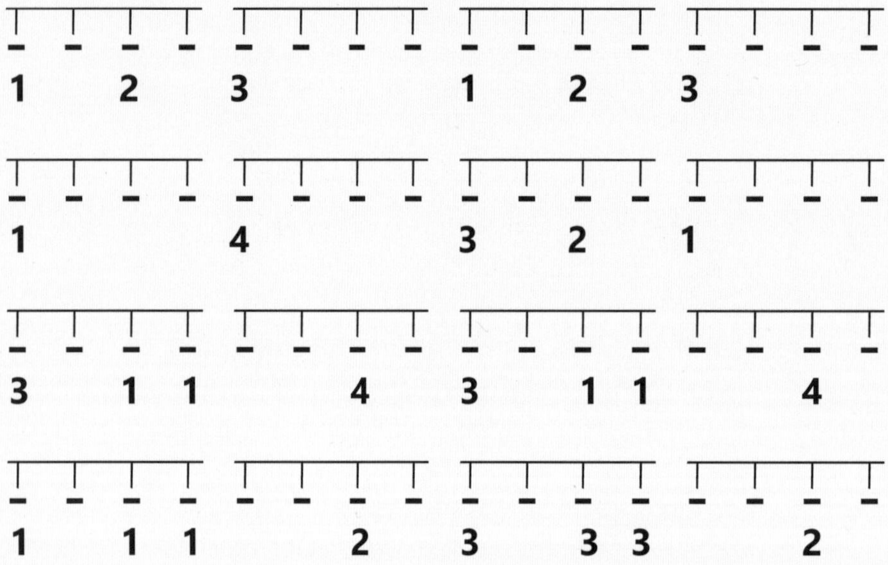

usw.

Gerne kannst du einige Übungen hier aus dem Buch auf diese Art und Weise üben.

14. ÜBUNGSSTÜCKE

Mit den folgenden Übungsstücken können die bisher erarbeiteten Techniken gut trainiert werden.

Je komplexer die Stücke werden, desto schwieriger ist es, dass sie auf allen Skalen gut klingen. Trotzdem habe ich versucht, die Stücke so zu gestalten, dass sie mit diversen Skalen gut spielbar sind. Am besten funktionieren sie wieder mit den weit verbreiteten Stimmungen D-Kurd oder C#-Kurd, auch als Annaziska bekannt.

D-A-Bb-C-D-E-F-G-A

C#-G#-A-B-C#-D#-E-F#-G#

Bei anderen Stimmungen ergeben diverse Schlagkombinationen möglicherweise ein nicht so harmonisches Klangbild wie mit der Kurd Stimmung. Gerne darfst du mit den Stücken experimentieren und deine eigenen Variationen finden, die zu deinem Instrument vielleicht besser passen.

TIPP:
Die Übungsstücke sind teilweise recht anspruchsvoll. Nimm dir daher genug Zeit und erwarte nicht, dass du ein Stück sofort spielen kannst.

Erlerne immer erst die einzelnen Teile in kleinen Portionen. Wiederhole diese so lange, bis du das Bewegungsmuster sehr tief verinnerlicht hast.

Erst im zweiten Schritt kannst du dann versuchen, von einem Teil in den nächsten zu wechseln.

Bis du das ganze Stück mit allen Teilen und Übergängen spielen kannst, wird es etwas dauern. Nimm dir die nötige Zeit dafür und genieße den Weg dahin!

Zu allen Übungsstücken gibt es Videos. Die Stücke sind in einem recht flotten Tempo eingespielt.
Gerne kannst du die Videos mit der Einstellungsfunktion auch langsamer abspielen.

Die Stücke wurden immer nur in der kurzen Variante ohne Wiederholung gespielt.

1. TRACES ON MY WAY

VIDEO
24

Teil A

R	L	R	R	L	R	L	L	R	L	R	R	L	R	L	L
0	**6**	**-**	**-**	**0**	**-**	**6**	**6**	**0**	**6**	**-**	**-**	**0**	**-**	**6**	**6**
R	L	R	R	L	R	L	L	R	L	R	R	L	R	L	L
0	**4**	**-**	**-**	**0**	**-**	**4**	**4**	**0**	**4**	**-**	**-**	**0**	**-**	**4**	**4**
R	L	R	R	L	R	L	L	R	L	R	R	L	R	L	L
0	**1**	**-**	**-**	**0**	**-**	**1**	**1**	**0**	**1**	**-**	**-**	**0**	**-**	**1**	**1**
R	L	R	R	L	R	L	L	R	L	R	R	L	R	L	L
0	**6**	**-**	**-**	**0**	**-**	**6**	**6**	**0**	**6**	**-**	**-**	**0**	**-**	**6**	**6**
R	L	R	R	L	R	L	L	R	L	R	R	L	R	L	L
0	**4**	**-**	**-**	**0**	**-**	**4**	**4**	**0**	**4**	**-**	**-**	**0**	**-**	**4**	**4**
R	L	R	R	L	R	L	L	R		L		R	L	R	L
0	**1**	**-**	**-**	**0**	**-**	**1**	**1**	**7**		**6**		**5**	**6**	**5**	**4**

Teil B

	R	L	R	R	L	R	L	L	R	L	R	R	L	R	L	L
2x	**0**	**6**	**-**	**-**	**0**	**-**	**4**	**4**	**0**	**6**	**-**	**-**	**0**	**-**	**4**	**4**
	R	L	R	R	L	R	L	L	R	L	R	R	L	R	L	L
	0	**7**	**-**	**-**	**0**	**-**	**4**	**4**	**0**	**7**	**-**	**-**	**0**	**-**	**4**	**4**
	R		L		R		R		L		R		L		L	
	7		**6**		**5**		**3**		**6**		**5**		**4**		**2**	

Teil C

	R	L	R	R	L	R	L	L	R	L	R	R	L	R	L	L
	0	**4**	**-**	**-**	**6**	**-**	**4**	**4**	**0**	**4**	**-**	**-**	**6**	**-**	**4**	**4**
2x	R	L	R	R	L	R	L	L	R	L	R	R	L	R	L	L
	1	**4**	**5**	**5**	**6**	**-**	**4**	**4**	**0**	**4**	**-**	**-**	**6**	**-**	**4**	**4**
	R	L	R	R	L	R	L	L	R	L	R	R	L	R	L	L
	0	**4**	**-**	**-**	**6**	**-**	**4**	**4**	**7**	**6**	**5**	**5**	**6**	**-**	**4**	**4**

Teil D

	R	L	R	R	L	R	L	L	R	L	R	R	L	R	L	L
	1	8	–	–	8	–	8	8	1	8	–	–	8	–	8	8
	R	L	R	R	L	R	L	L	R	L	R	R	L	R	L	L
	3	7	–	–	7	–	7	7	3	7	–	–	7	–	7	7
	R	L	R	R	L	R	L	L	R	L	R	R	L	R	L	L
	2	6	–	–	6	–	6	6	2	6	–	–	6	–	6	6
	R	L	R	R	L	R	L	L	R	L	R	R	L			
	1	5	–	–	5	–	5	5	1	5	–	–	5			

Teil E

	R	L	R	R	L	R	L	L	R	L	R	R	L	R	L	L
	0	4	5	5	6	5	4	4	0	4	5	5	6	5	4	4
2x	R	L	R	R	L	R	L	L	R	L	R	R	L	R	L	L
	1	4	5	5	6	5	4	4	2	4	5	5	6	5	4	4
	R	L	R	R	L	R	L	L	R	L	R	R	L	R	L	L
	3	4	5	5	6	5	4	4	2	4	5	5	6	5	4	4

Teil F

2x	R	L	R	R	L	R	L	L	R	L	R	R	L	R	L	L
	8	–	1	1	4	–	–	–	8	–	1	1	4	–	–	–
	R	L	R	R	L	R	L	L	R	L	R	R	L	R	L	L
	7	–	2	2	4	–	–	–	7	–	2	2	4	–	–	–
	R	L	R	R	L	R	L	L	R	L	R	R	L	R	L	L
	6	–	1	1	4	–	–	–	6	–	1	1	4	–	–	–
	R	L	R	R	L	R	L	L	R	L	R	R	L	R	L	L
	5	–	1	1	4	–	–	–	5	–	1	1	4	–	–	–
								2.x:	**5**		**6**		**5**		**4**	

Ab hier zum Ende oder Da capo

Ende mit Teil E

	R	L	R	R	L	R	L	L	R	L	R	R	L	R	L	L
	0	**4**	**5**	**5**	**6**	**5**	**4**	**4**	**0**	**4**	**5**	**5**	**6**	**5**	**4**	**4**
2x	R	L	R	R	L	R	L	L	R	L	R	R	L	R	L	L
	1	**4**	**5**	**5**	**6**	**5**	**4**	**4**	**2**	**4**	**5**	**5**	**6**	**5**	**4**	**4**
	R	L	R	R	L	R	L	L	R	L	R	R	L	R	L	L
	3	**4**	**5**	**5**	**6**	**5**	**4**	**4**	**2**	**4**	**5**	**5**	**6**	**5**	**4**	**4**
	R	L	R	R	L	R	L	L	R	L	R	R	L	R	L	L
	1	**4**	**5**	**5**	**6**	**5**	**4**	**4**	**2**	**4**	**5**	**5**	**6**	**5**	**4**	**4**
	R	L	R	R	L	R	L	L	R		L		R		R	
	3	**4**	**5**	**5**	**6**	**5**	**4**	**4**	**2**		**4**		**5**		**5**	
	------ritardando------															
	L		R		L		L		R/L							
	6		**5**		**4**		**5**		**4** **0**							

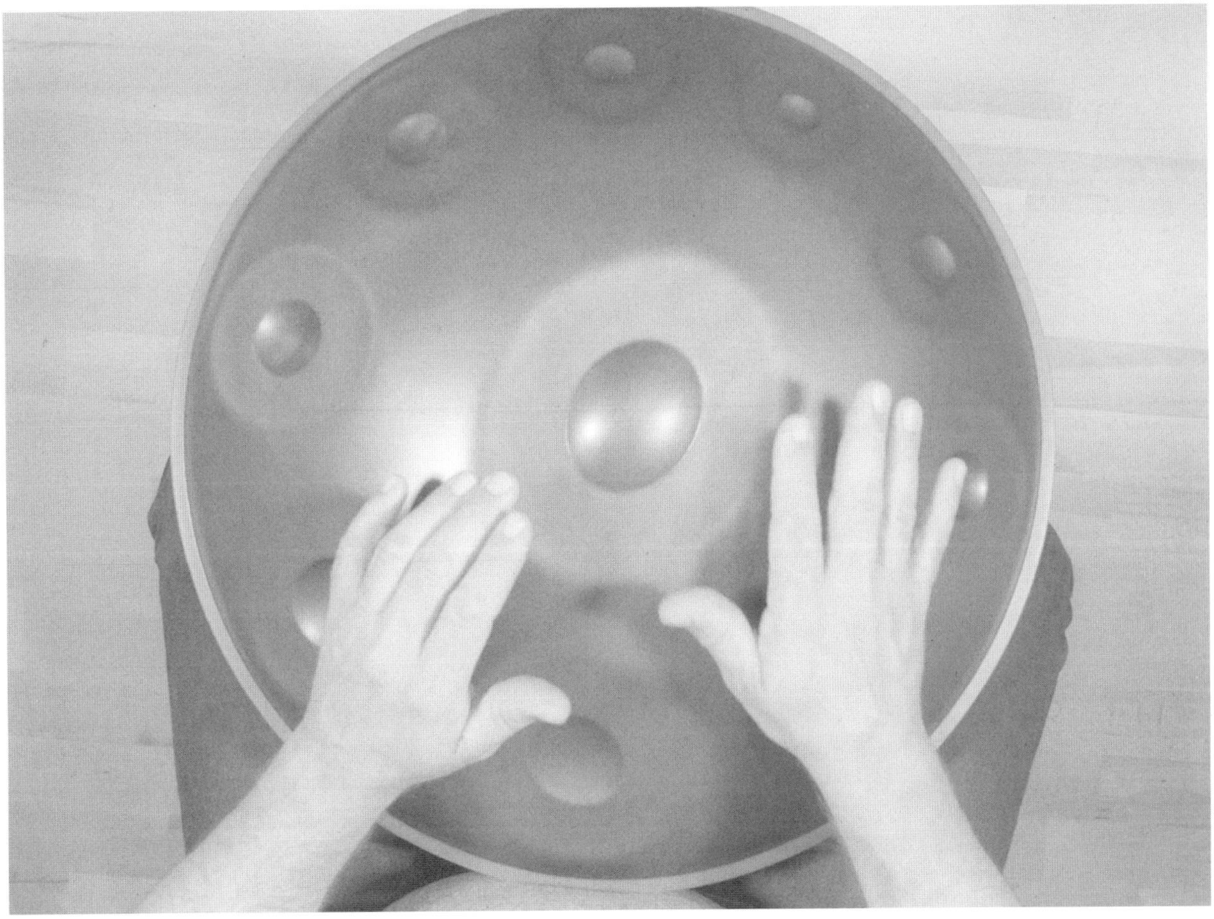

2. LA PIUMA BIANCA

VIDEO
25

Teil A

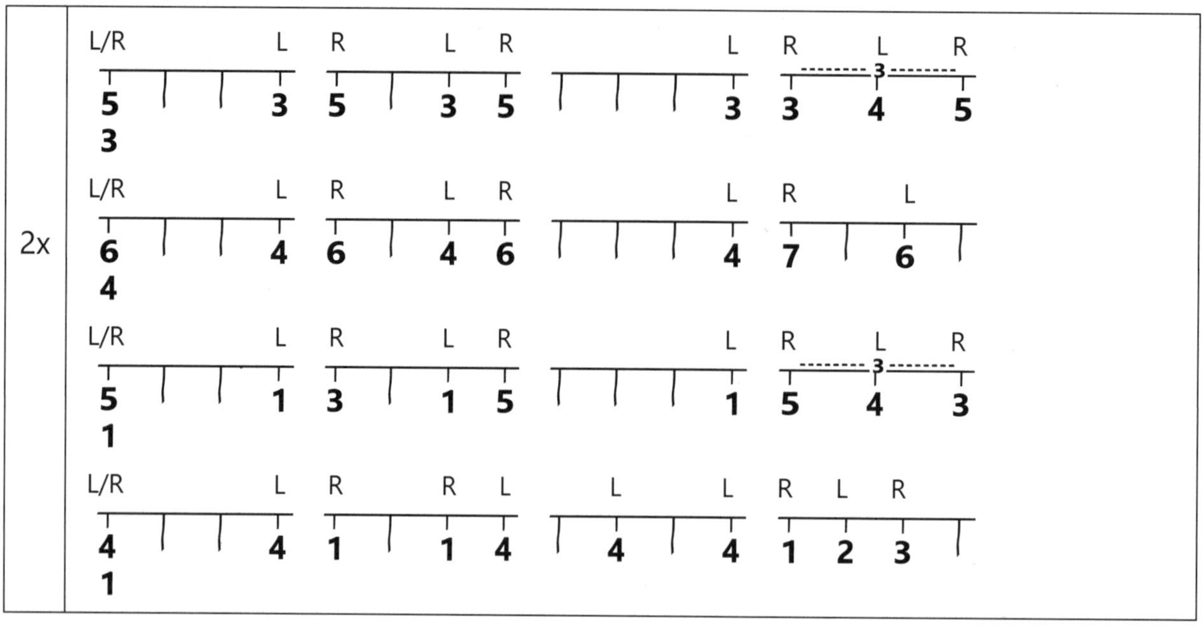

Teil B

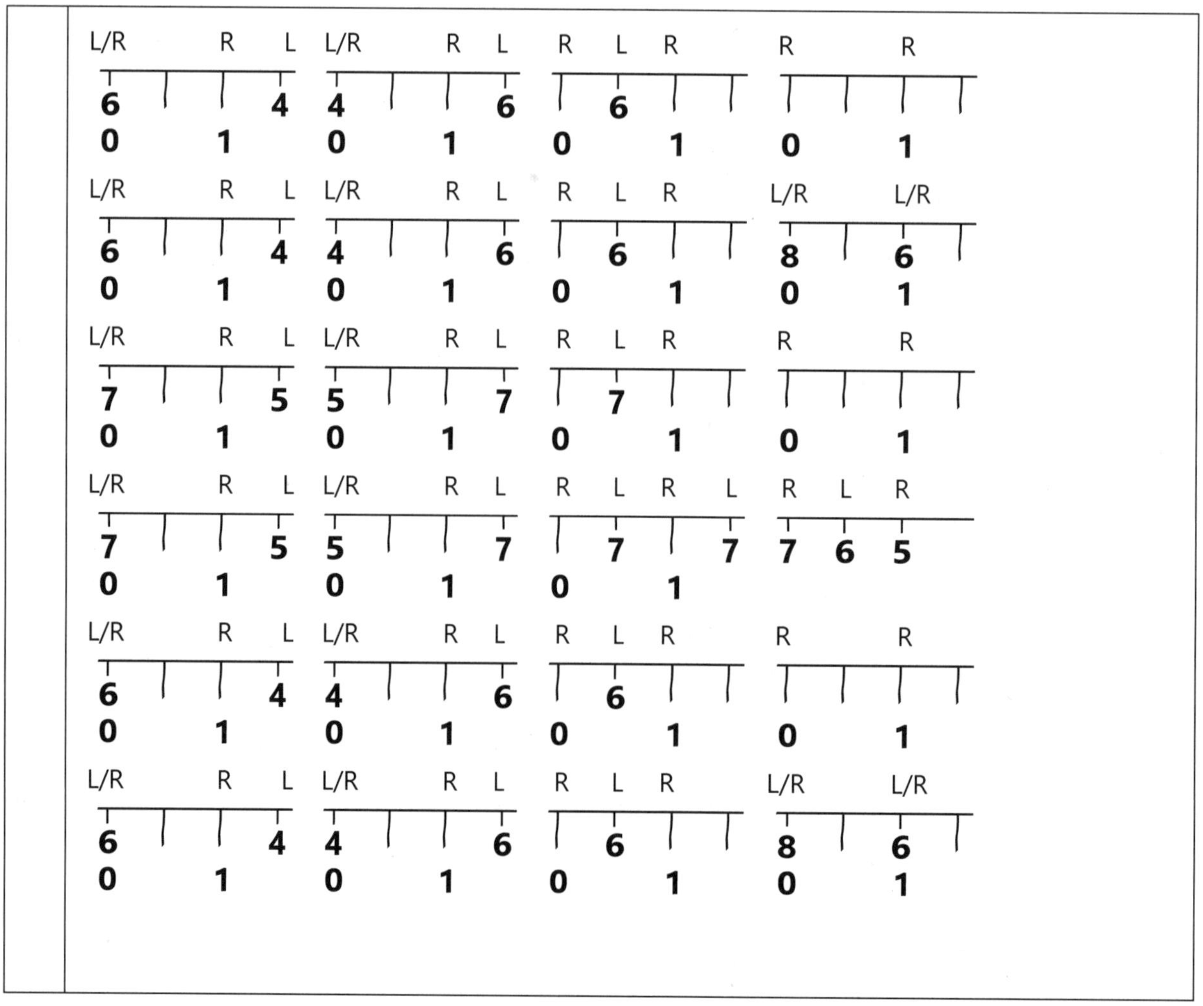

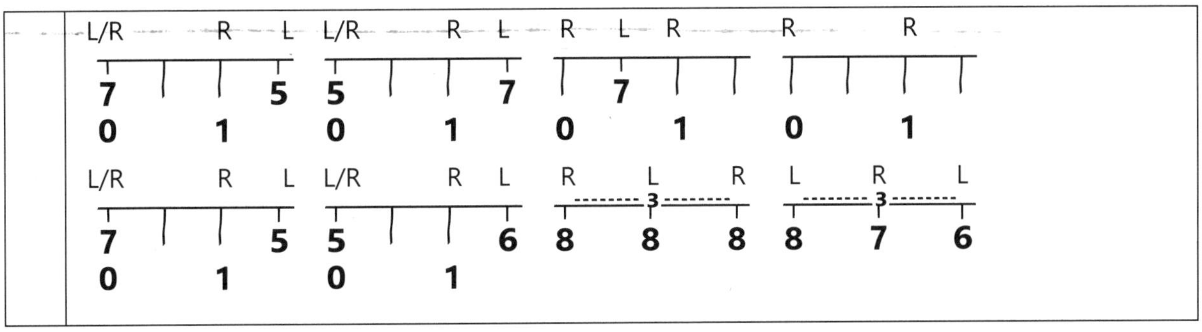

Teil C

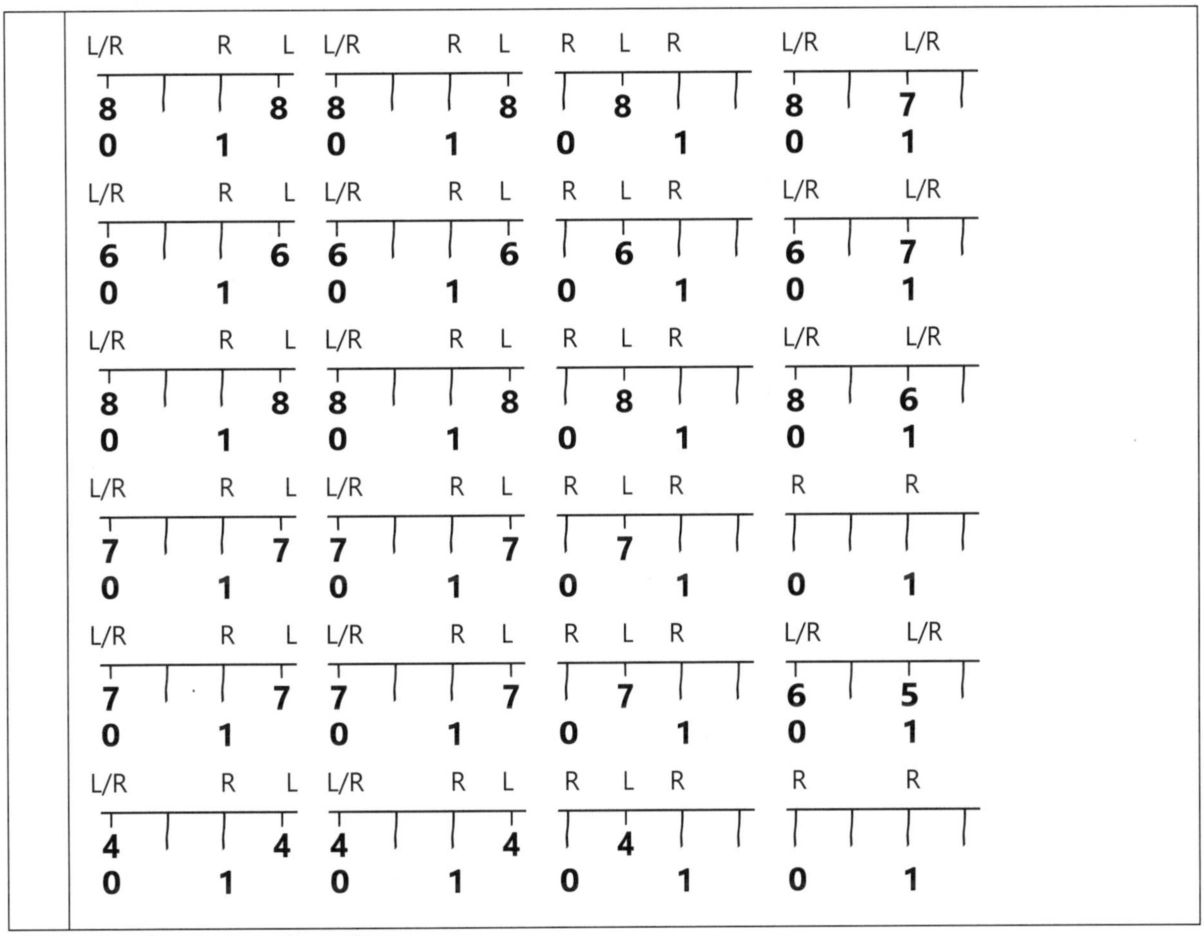

Wiederholung B + C

Bridge

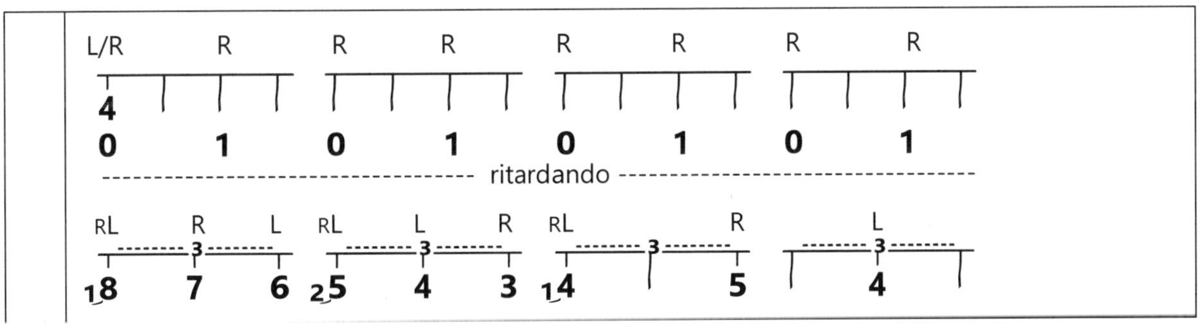

Ab hier zum Ende oder Da capo

Ende mit Teil A

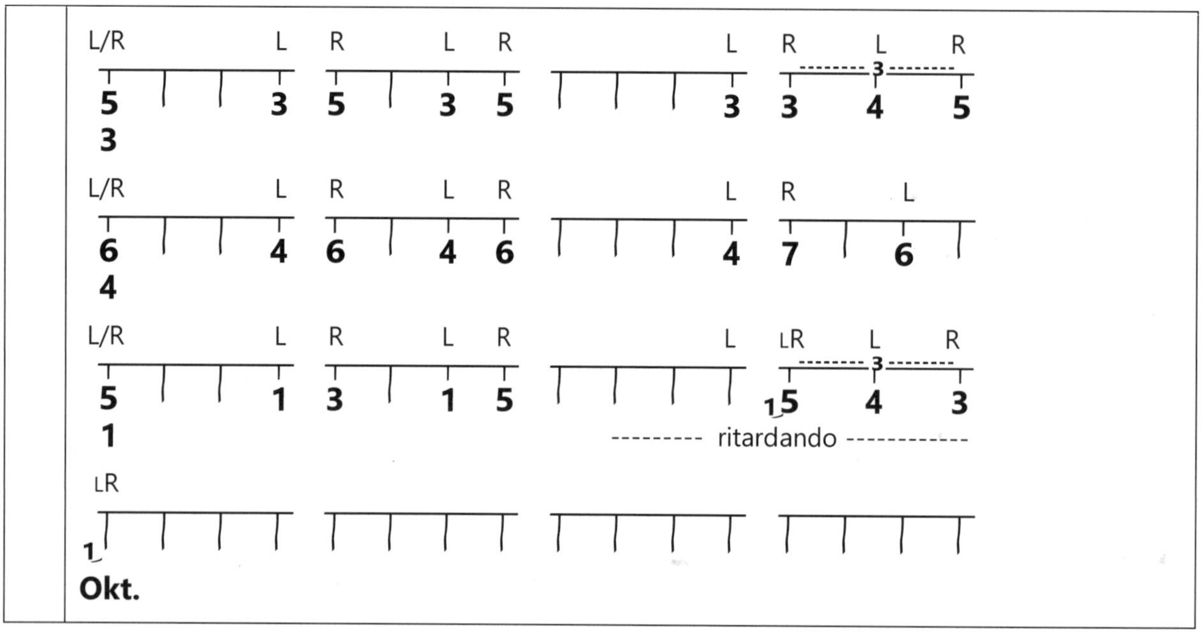

3. JUNGLE SPIRIT

VIDEO
26

Einstieg

(Die Taps können als Hilfsschläge gespielt werden oder auch weggelassen werden.)

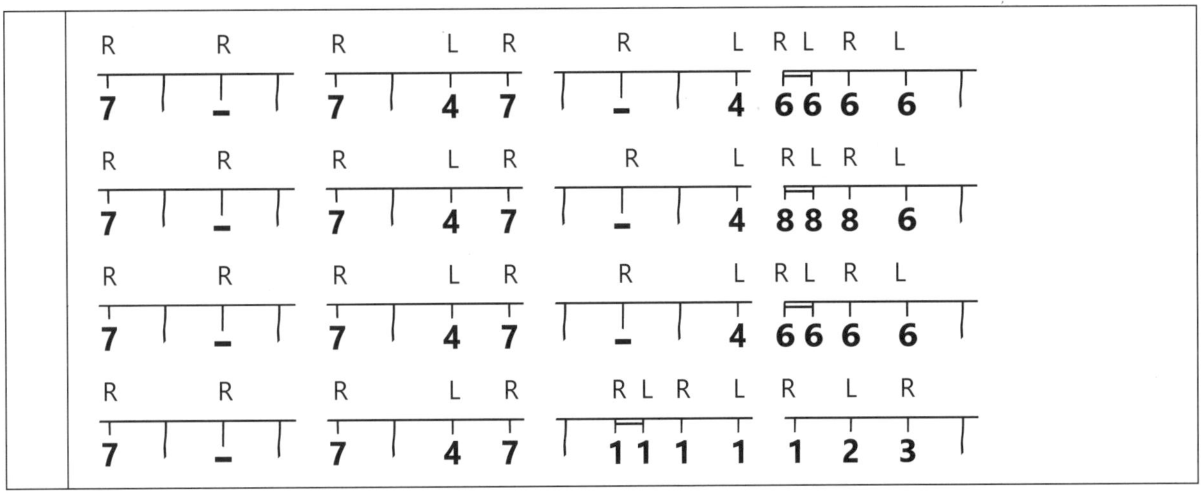

Teil A

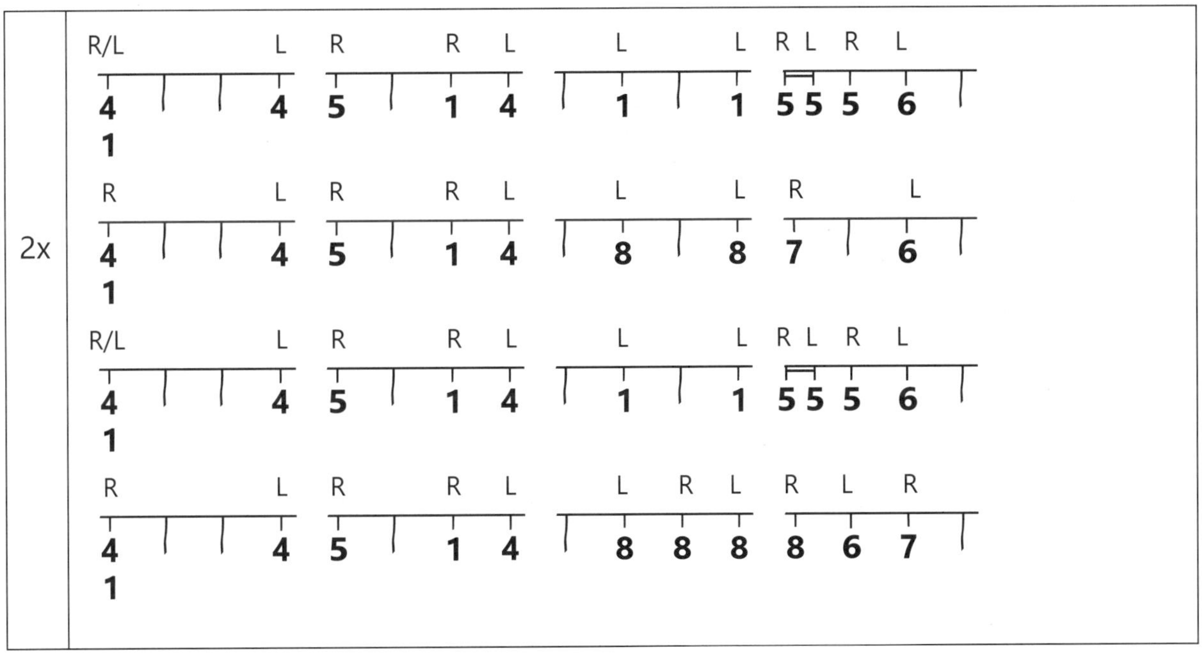

Teil B

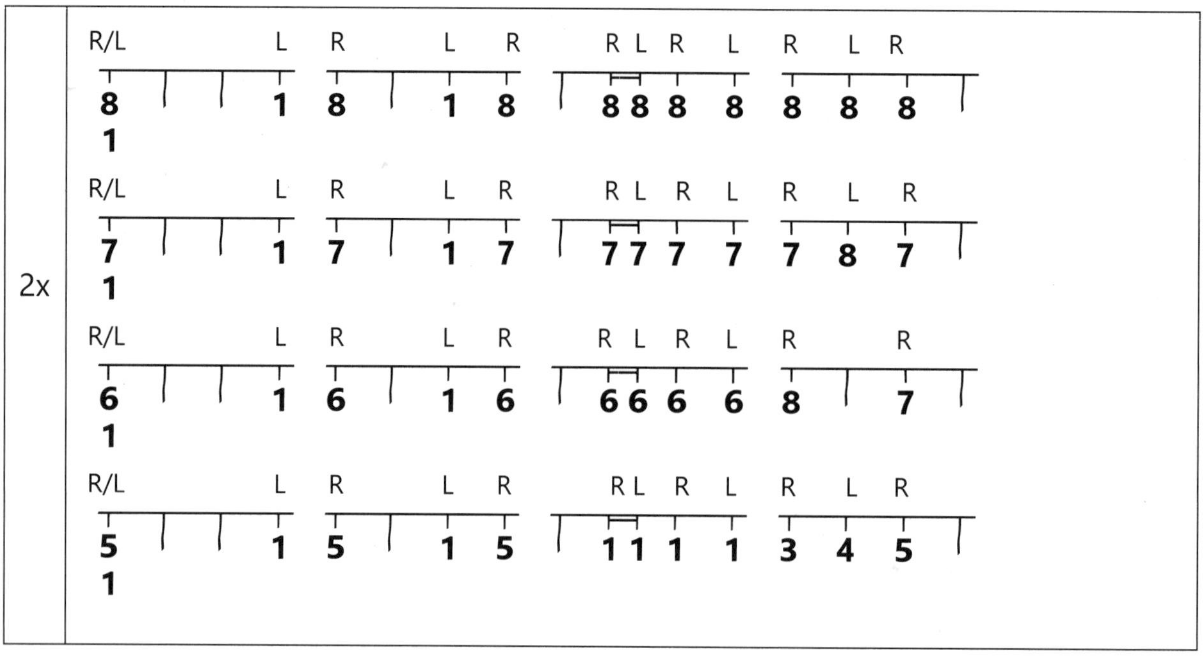
2x
R/L L R L R R L R L R L R
8 1 8 1 8 8 8 8 8 8 8 8
1
R/L L R L R R L R L R L R
7 1 7 1 7 7 7 7 7 7 8 7
1
R/L L R L R R L R L R R
6 1 6 1 6 6 6 6 6 8 7
1
R/L L R L R R L R L R L R
5 1 5 1 5 1 1 1 1 3 4 5
1

Teil C

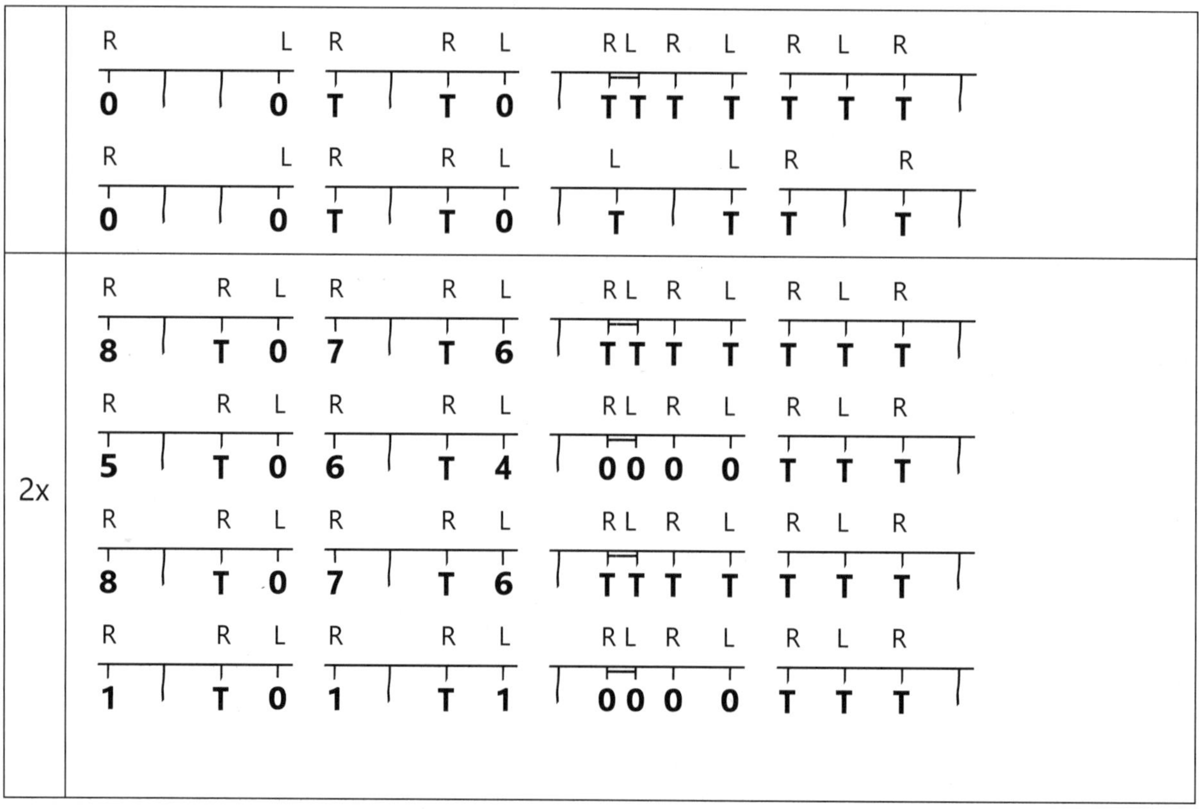
R L R R L R L R L R L R
0 0 T T 0 T T T T T T T
R L R R L L L R R
0 0 T T 0 T T T T
2x
R R L R R L R L R L R L R
8 T 0 7 T 6 T T T T T T T
R R L R R L R L R L R L R
5 T 0 6 T 4 0 0 0 0 T T T
R R L R R L R L R L R L R
8 T 0 7 T 6 T T T T T T T
R R L R R L R L R L R L R
1 T 0 1 T 1 0 0 0 0 T T T

Ende

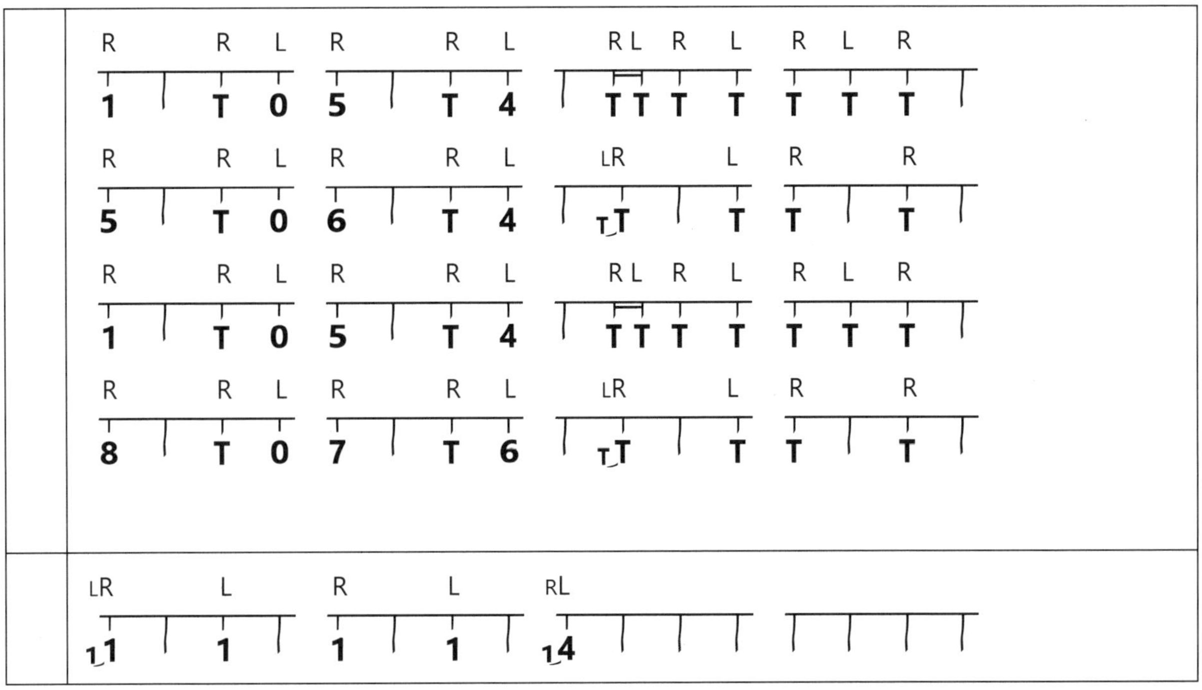

Eventuell noch mal Da capo ab Teil A

4. A WALTZ FOR YOU

VIDEO
27

Einstieg

R	R	L	R	R	L	R	R	L	R	R	L
0	-	-	x	-	0	0	-	-	x	0	0
R	R	L	R	R	L	R	R	L	R	R	L
0	-	-	x	-	0	0	-	-	x	5	6
R	R	L	R	R	L	R	R	L	R	R	L
8	-	-	x	-	0	0	-	-	7	-	-
R	R	L	R	R	L	R	R	L	R	R	L
6	-	-	x	-	0	0	-	-	x	5	6
R	R	L	R	R	L	R	R	L	R	R	L
8	-	-	x	-	0	0	-	-	6	-	-
R	R	L	R	R	L	R	R	L	R	R	L
7	-	-	x	-	0	0	-	-	x	5	6

Teil A

R	R L	R	L	R	L	R	R	L	R	R	L
8	- 6	5	4	5	6	8	-	-	x	-	0
R	R	L	R	R	L	R	R L	R	L	R	L
0	-	-	x	5	6	8	- 6	5	7	-	8
L	R	L	R	R	L	R	R	L	R	R	L
6	-	-	x	-	0	0	-	-	x	5	6
L	R	L	R	R	L	L	R	L	R	R	L
4	-	-	x	5	6	4	-	-	x	5	4
R	R	L	R	R	L	R	R	L	R	L	R
1	-	-	x	5	4	1	-	-	x	4	5

Teil B

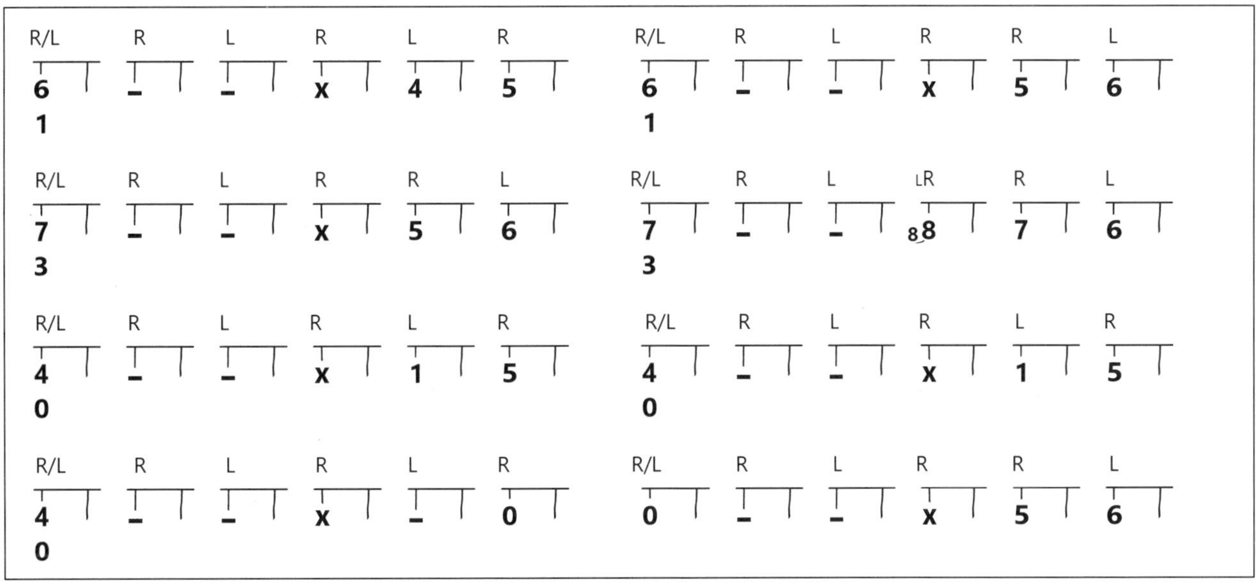
R/L R L R L R
6 – – x 4 5
1
R/L R L R R L
6 – – x 5 6
1
R/L R L R R L
7 – – x 5 6
3
R/L R L LR R L
7 – – 88 7 6
3
R/L R L R L R
4 – – x 1 5
0
R/L R L R L R
4 – – x 1 5
0
R/L R L R L R
4 – – x – 0
0
R/L R L R R L
0 – – x 5 6

Teil C

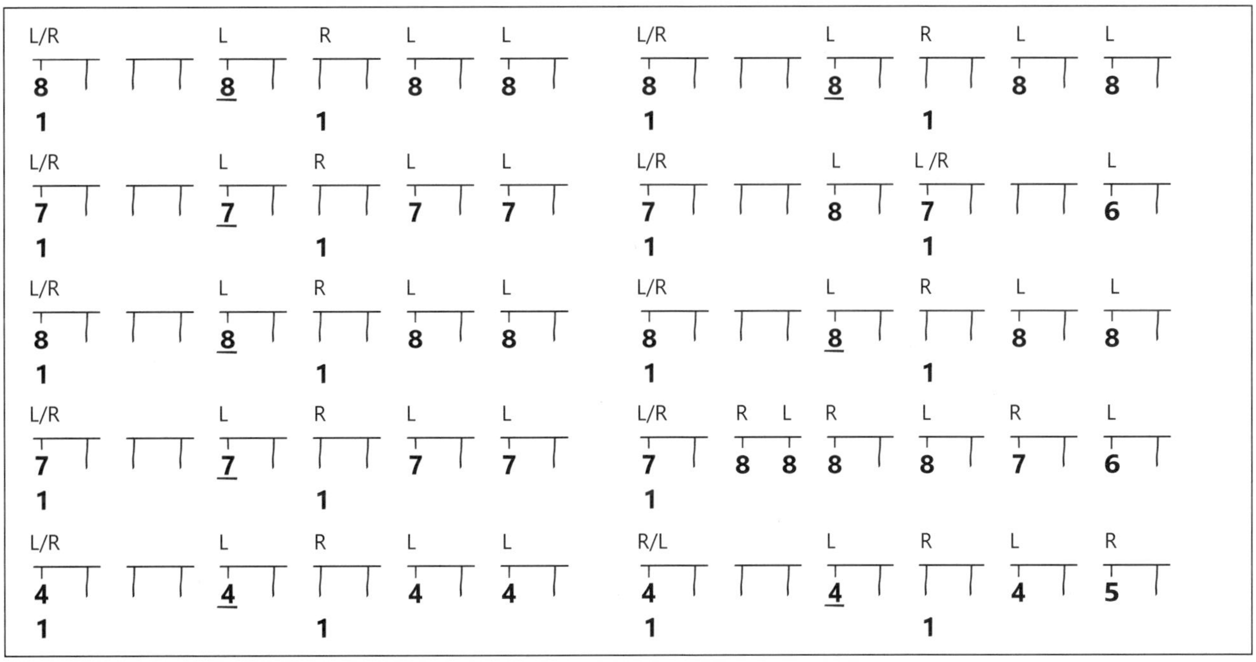
L/R L R L L
8 8 8 8
1 1
L/R L R L L
8 8 8 8
1 1
L/R L R L L
7 7 7 7
1 1
L/R L L/R L
7 8 7 6
1 1
L/R L R L L
8 8 8 8
1 1
L/R L R L L
8 8 8 8
1 1
L/R L R L L
7 7 7 7
1 1
L/R R L R L R L
7 8 8 8 8 7 6
1
L/R L R L L
4 4 4 4
1 1
R/L L R L R
4 4 4 5
1 1

Teil D

L	R L	R	L	L	R	L	R	L	R	L	R
6	– 6	5	6	4	5	6	–	–	x	4	5
L	R L	R	R	L	R	L	R	L	R	L	R
6	– 6	5	7	1	5	6	–	–	x	8	7
L	R	L	R	R	L	R	R	L	R	L	R
6	–	–	x	7	6	5	–	–	x	6	5
L	R	L	R	R	L	R	R	L	R	R	L
4	–	–	x	–	0	0	–	–	5	–	6
L	R	L	R	R	L	R	R	L	R	R	L
4	–	–	x	–	0	0	–	–	x	5	6
						beim Übergang zum Ende (				0	0)

Da capo (ab Teil A)

Ende

R	R	L	R	R	L	R	R	L	R	R	LR
0	–	–	x	–	0	0	–	–	x	0	$\cdot 4^{5}$
LR	R	L	R	R	L	R	R	L	R	R	LR
$\cdot 4^{8}$	–	–	x	–	0	0	–	–	x	0	$\cdot 4^{5}$
LR	R	L	R	R	L	R	R	L	R	R	LR
$\cdot 4^{8}$	–	–	x	–	0	0	–	–	x	0	$\cdot 4^{5}$
LR	R	L	R	R	L	R	R	L	R	R	LR
$\cdot 4^{8}$	–	–	x	–	0	0	–	–	x	0	$\cdot 4^{5}$

... beliebig oft wiederholen mit ritardando ...

LR

$\cdot 4^{8}$

5. SOFT LANDING

VIDEO
28

Teil A

R/L R L R L R L R/L R L R L R
4 4 4 4 4 4 4
0 T 0 T 0 T 0 5

R/L R L R L R L R/L R L R L R
6 6 6 6 6 6 6
0 T 0 T 0 T 0 5

R/L R L R L R L R/L R L R L R
4 4 4 4 4 4 4
0 T 0 T 0 T 0 5

R/L R L R L R L R/L R L R L R
2 2 2 2 2 2 2
0 T 0 T 0 T 0 3

R/L R L R L R L R/L R L R L R L
1 1 1 1 1 1 1 2 3 4
0 T 0 T 0 T

R/L R L R L R L R/L R L R L R
1 1 1 1 1 1 7 6 5
0 T 0 T 0 T

R/L R L R L R L R/L R L R L R L
1 1 1 1 1 1 1 2 3 4
0 T 0 T 0 T

R/L R L R L R L R/L R L R L
1 1 1 1 1 1 5 4
0 T 0 T 0 T (**6**) beim Übergang

2x

Teil B

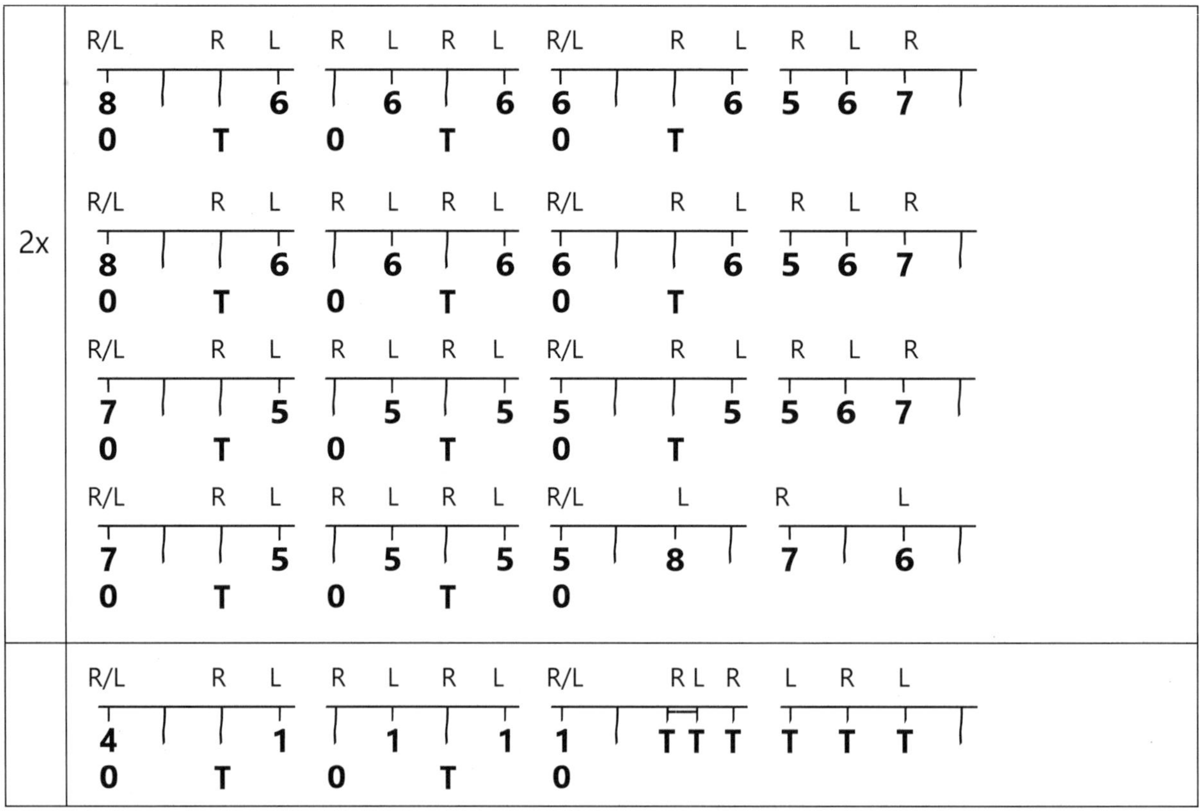
2x
R/L R L R L R L R/L R L R L R
8 6 6 6 6 6 5 6 7
0 T 0 T 0 T
R/L R L R L R L R/L R L R L R
8 6 6 6 6 6 5 6 7
0 T 0 T 0 T
R/L R L R L R L R/L R L R L R
7 5 5 5 5 5 5 6 7
0 T 0 T 0 T
R/L R L R L R L R/L L R L
7 5 5 5 5 8 7 6
0 T 0 T 0
R/L R L R L R L R/L R L R L R L
4 1 1 1 1 T T T T T T
0 T 0 T 0

Teil C

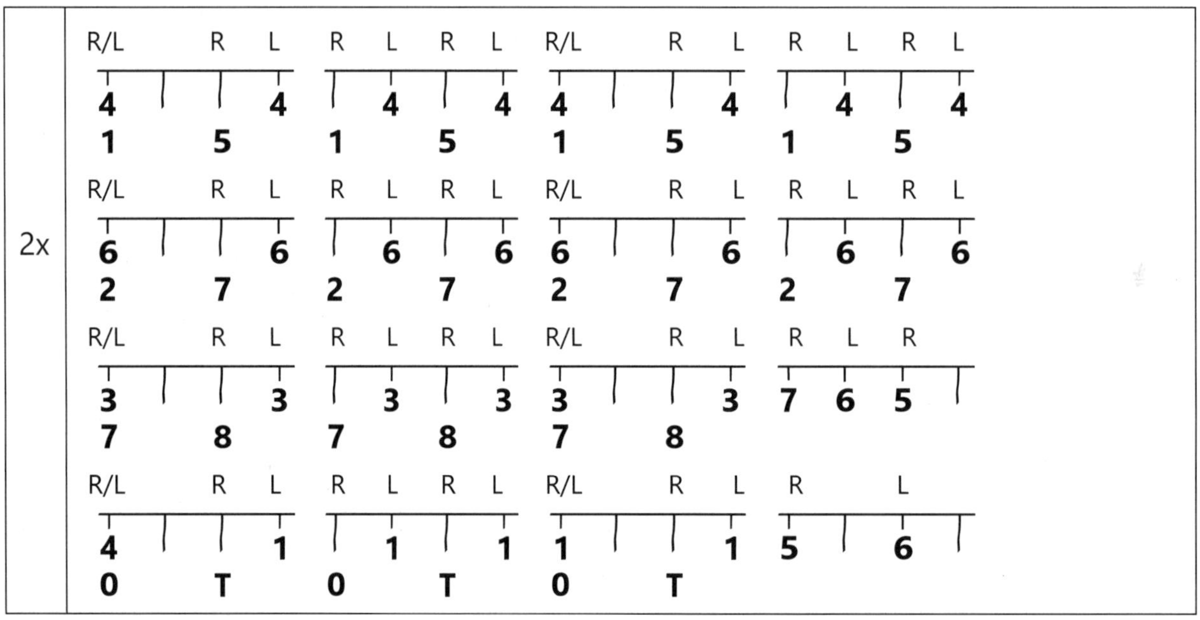
2x
R/L R L R L R L R/L R L R L R L
4 4 4 4 4 4 4 4
1 5 1 5 1 5 1 5
R/L R L R L R L R/L R L R L R L
6 6 6 6 6 6 6 6
2 7 2 7 2 7 2 7
R/L R L R L R L R/L R L R L R
3 3 3 3 3 3 7 6 5
7 8 7 8 7 8
R/L R L R L R L R/L R L R L
4 1 1 1 1 1 5 6
0 T 0 T 0 T

Teil D

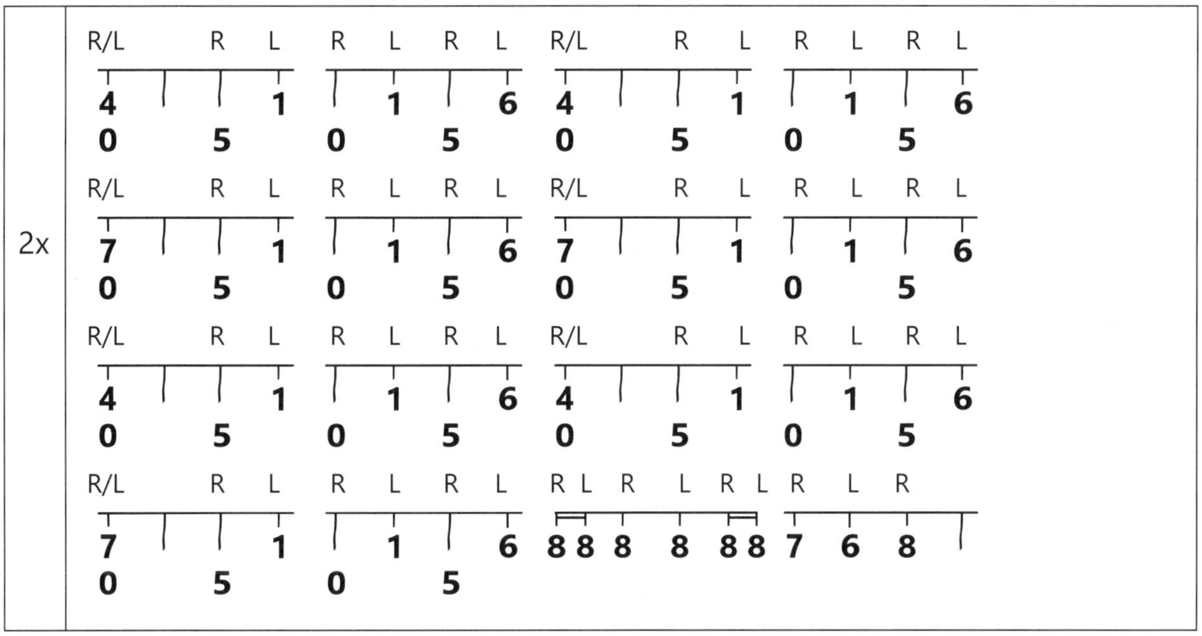

Bridge

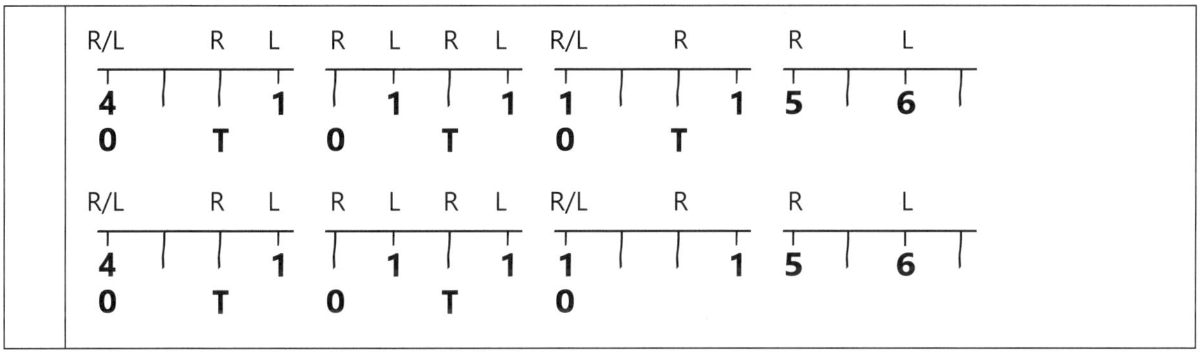

Ab hier zum Ende oder Da capo

Ende (mit ritardando)

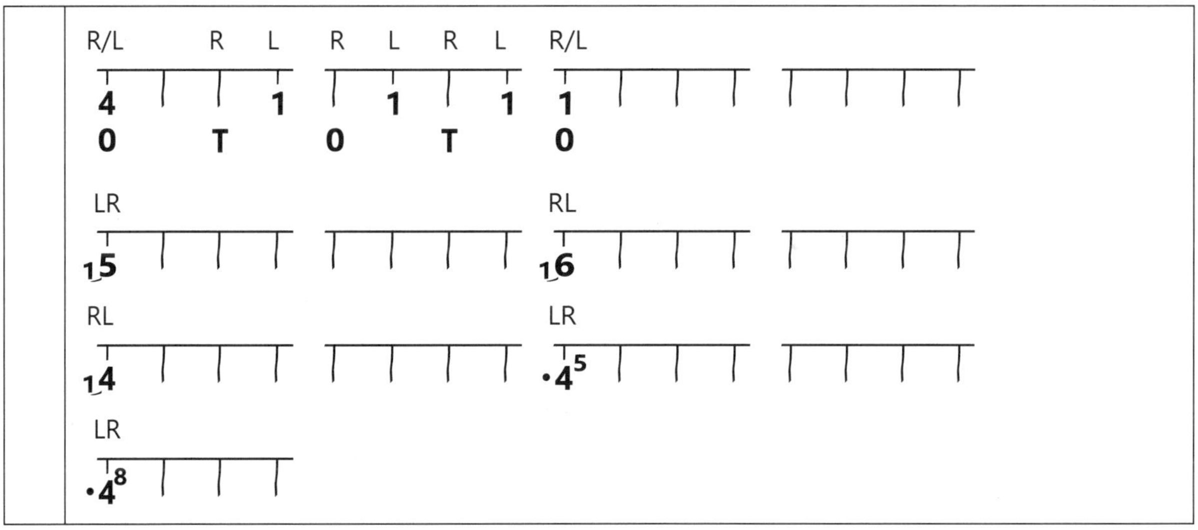

6. NIGHTFALL TWILIGHT

VIDEO **29**

Teil A

2x	R R L R R L R L
	5 3 1 5 3 1 5 4
	R R L R R L R L
	5 3 1 5 3 1 5 4
	R R L R R L R L
	6 4 2 6 4 2 7 6
	R R L R R L R L
	6 4 2 6 4 2 7 8

Groove

2x	R R L L R R L R L
	0 0 0 0 0 0 0 T T

Teil B

2x	R R L R R L R L
	5 1 4 5 1 4 7 6
	R R L R R L R L
	5 1 4 5 1 4 0 4
	R L R L R L R L
	7 8 7 6 7 6 5 4
2x	R R L R R L R L
	5 1 4 5 1 4 7 6
	R R L R R L R L
	5 1 4 5 1 4 0 4
	R L R L R L R L
	5 6 5 4 5 4 3 1

Teil C

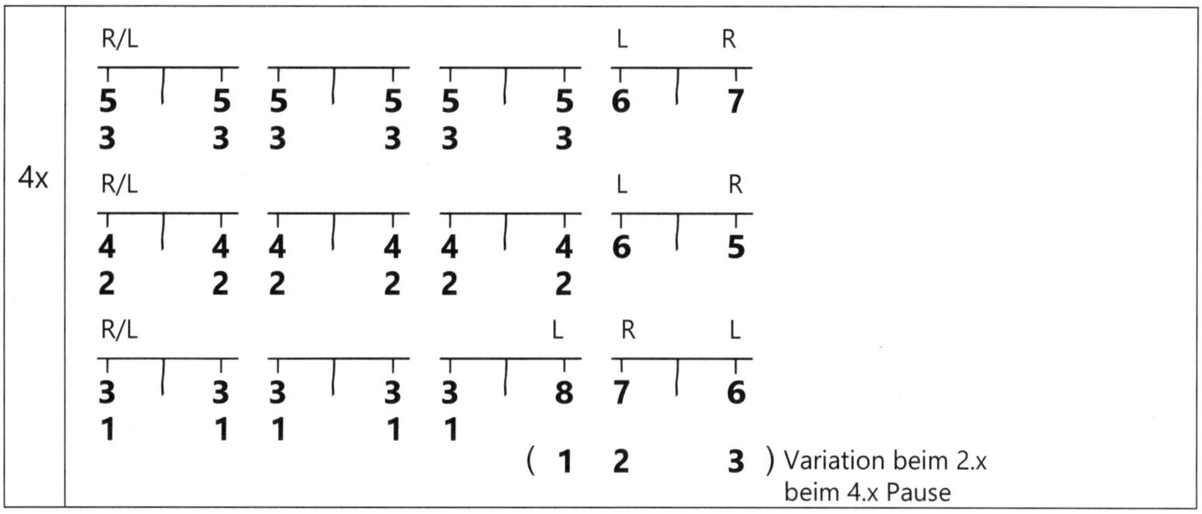

Teil D

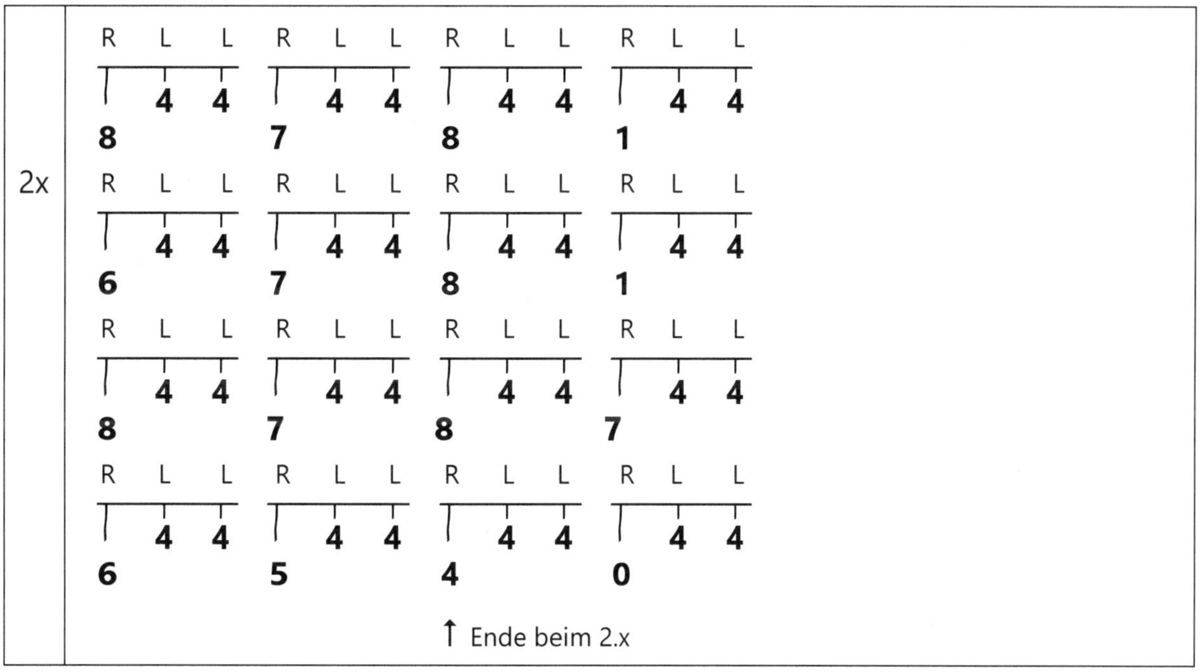

Groove

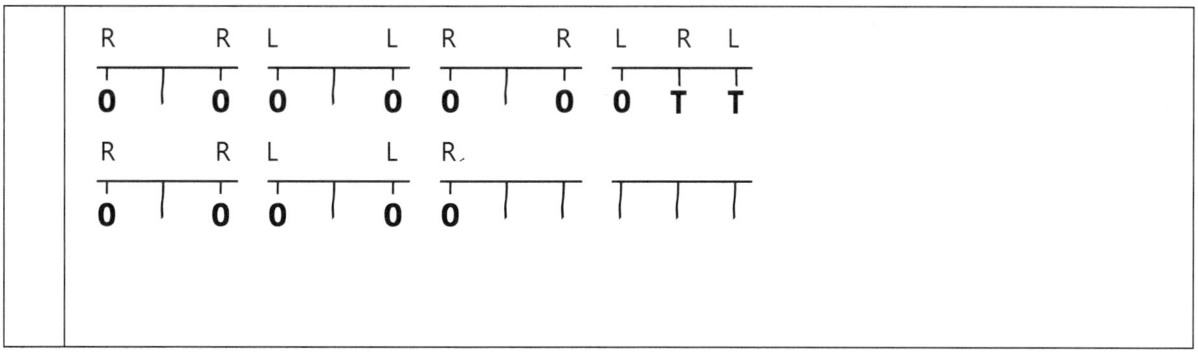

Ab hier zum Ende oder Da capo

Ende

R R L R R L R R L R R L
3 5 6 3 5 6 3 5 6 3 5 6

R R L R R L R R L R R
3 5 6 3 5 6 3 5 6 3 5

L L R L L R L L R L L R
2 4 7 2 4 7 2 4 7 2 4 7

L L R L L R L L R L L
2 4 7 2 4 7 2 4 7 2 4

R R L R R L R R L R R L
1 3 8 1 3 8 1 3 8 1 3 8

R R L R R L R R L R R L
1 3 8 1 3 8 1 3 8 1 3 8

------------------------------rit----------------------------------

7. DREAM WEAVER

VIDEO
30

Intro

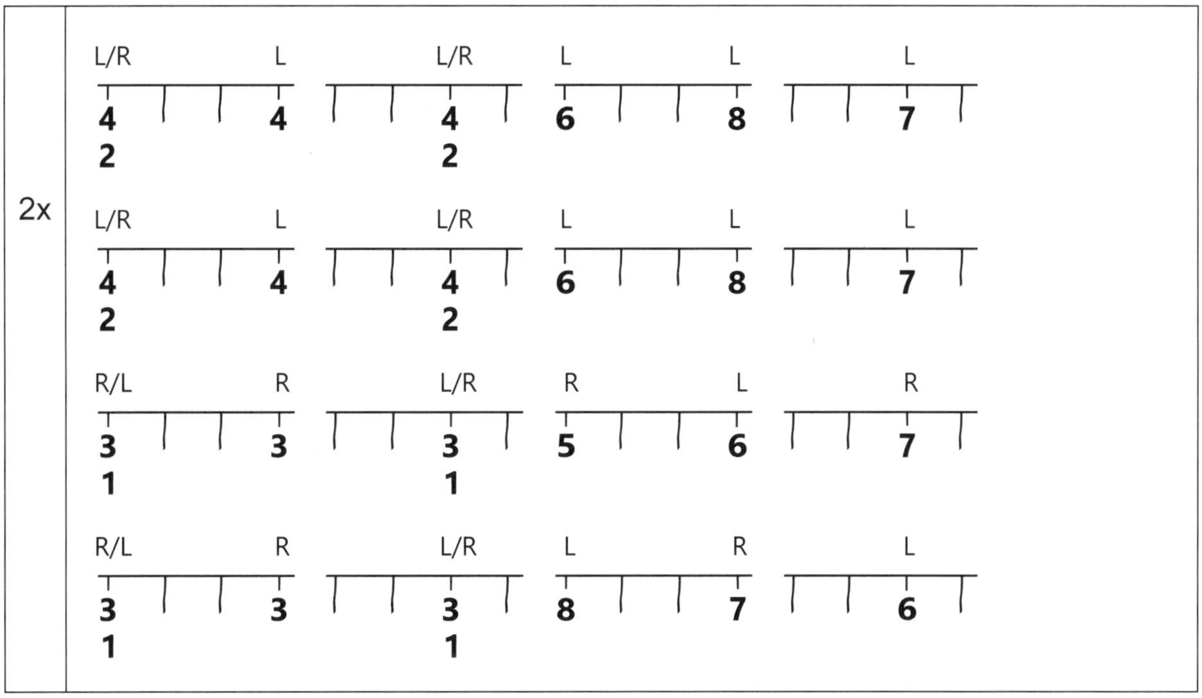

Teil A

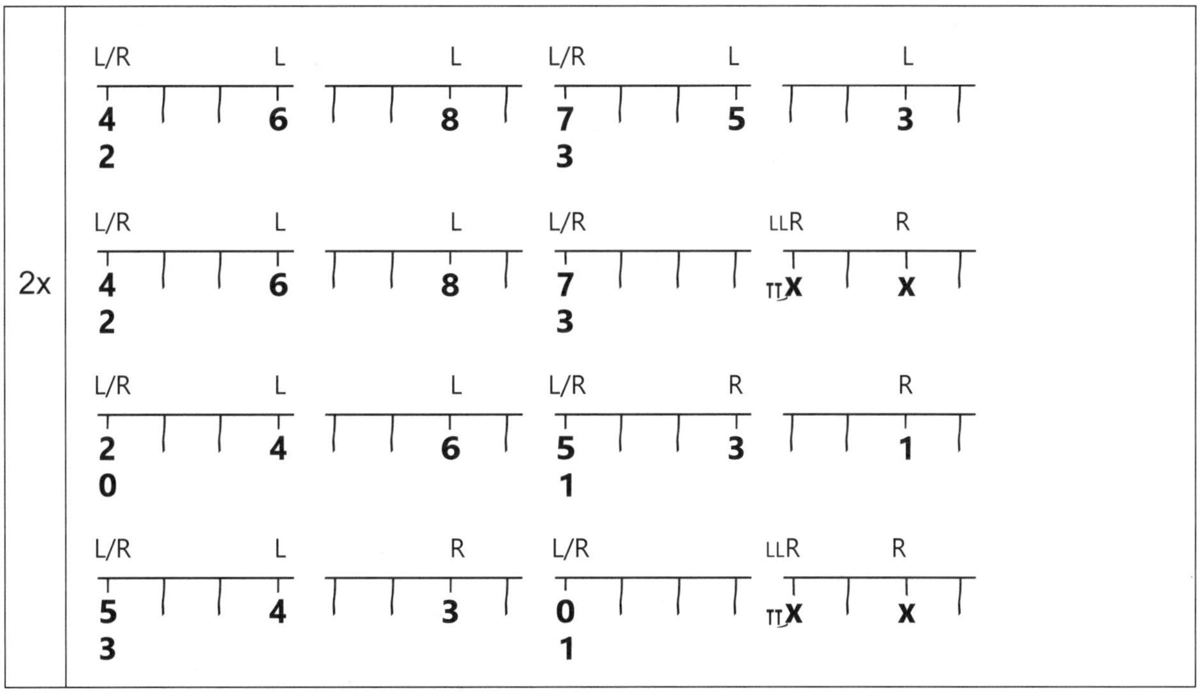

Teil B

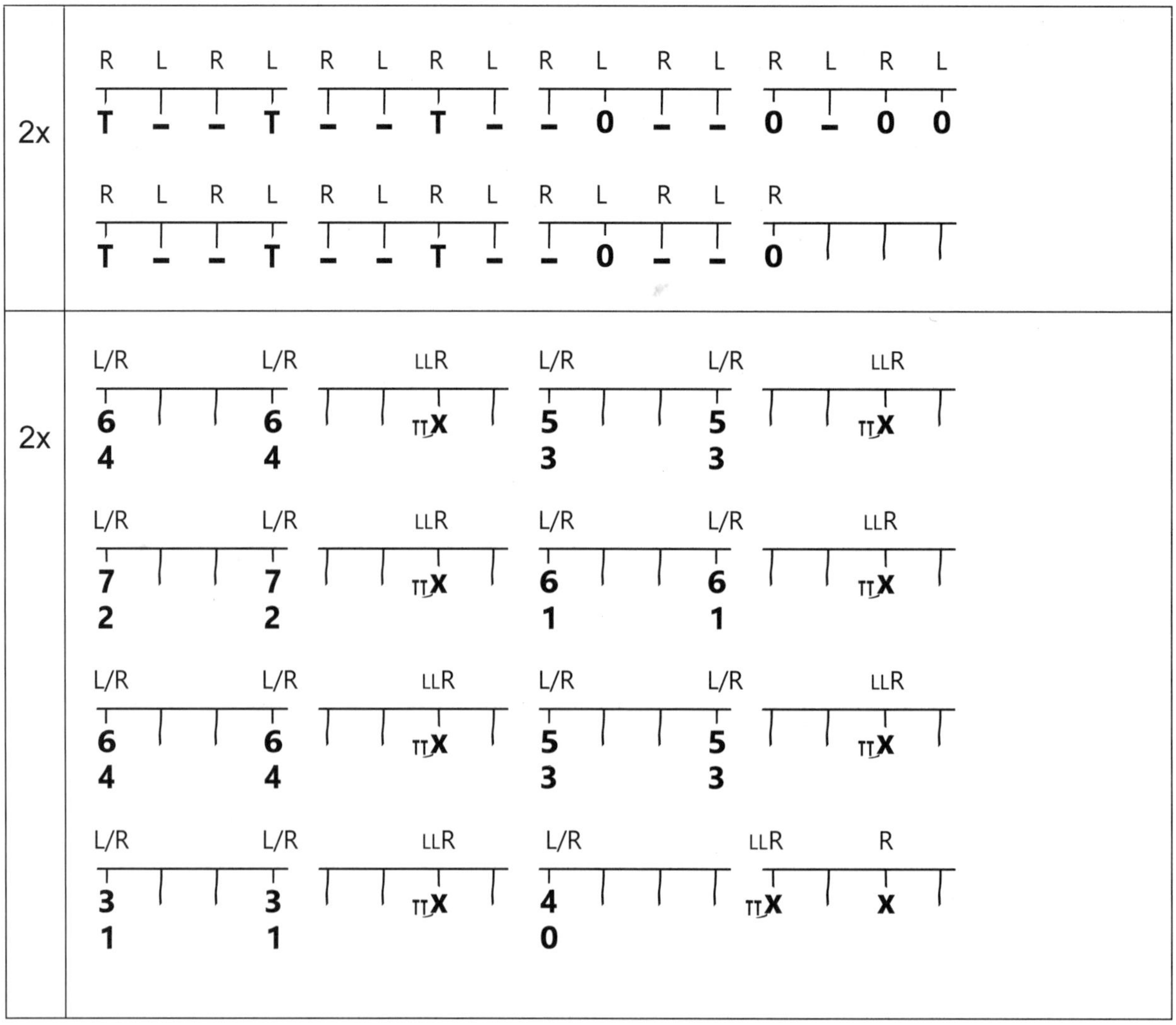
2x
R L R L R L R L R L R L R L R L
T – – T – – T – – 0 – – 0 – 0 0
R L R L R L R L R L R L R
T – – T – – T – – 0 – – 0
2x
L/R L/R LLR L/R L/R LLR
6 6 TTX 5 5 TTX
4 4 3 3
L/R L/R LLR L/R L/R LLR
7 7 TTX 6 6 TTX
2 2 1 1
L/R L/R LLR L/R L/R LLR
6 6 TTX 5 5 TTX
4 4 3 3
L/R L/R LLR L/R LLR R
3 3 TTX 4 TTX X
1 1 0

Teil C

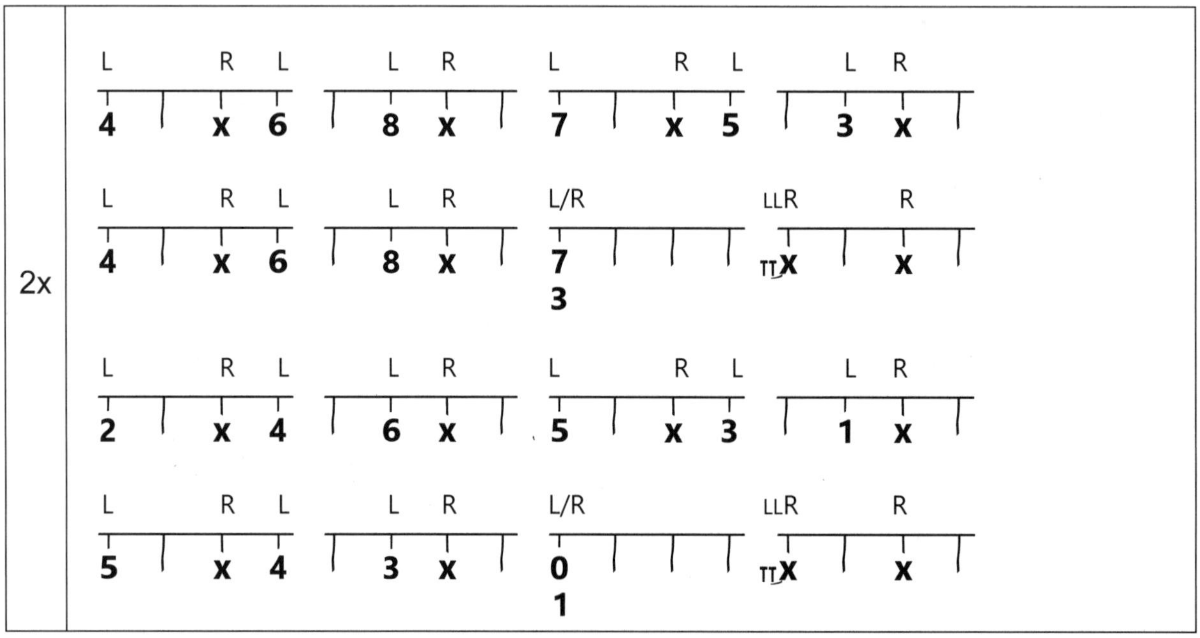
2x
L R L L R L R L L R
4 x 6 8 x 7 x 5 3 x
L R L L R L/R LLR R
4 x 6 8 x 7 TTX x
3
L R L L R L R L L R
2 x 4 6 x 5 x 3 1 x
L R L L R L/R LLR R
5 x 4 3 x 0 TTX x
1

Ende Teil C mit ritardando

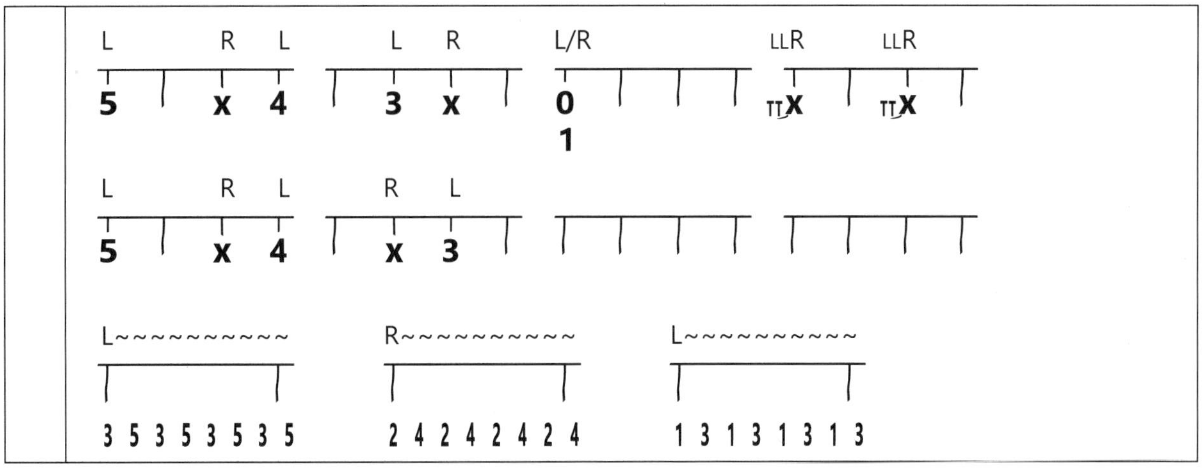

Ab hier zum Ende oder Da capo ab Teil A

Ende

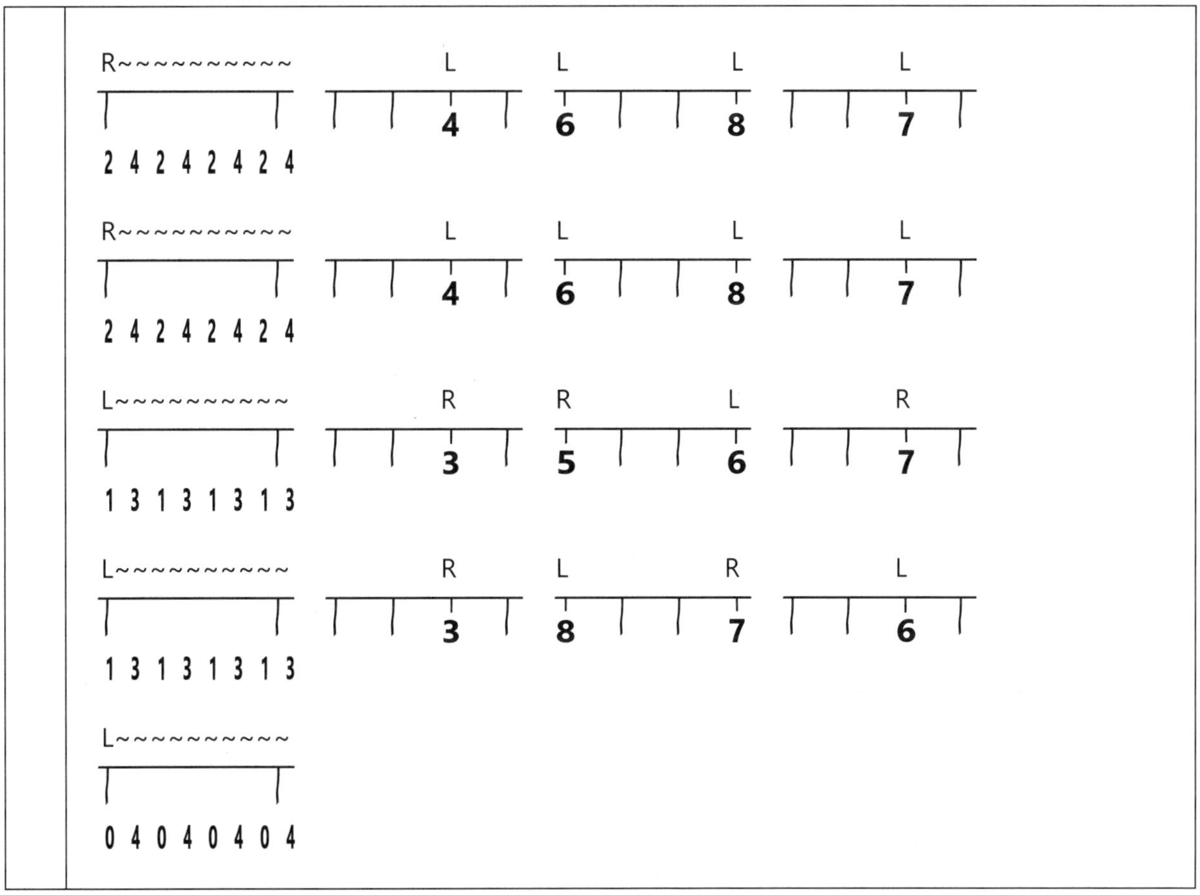

8. BREAKING THE CHAINS

VIDEO
31

Teil A

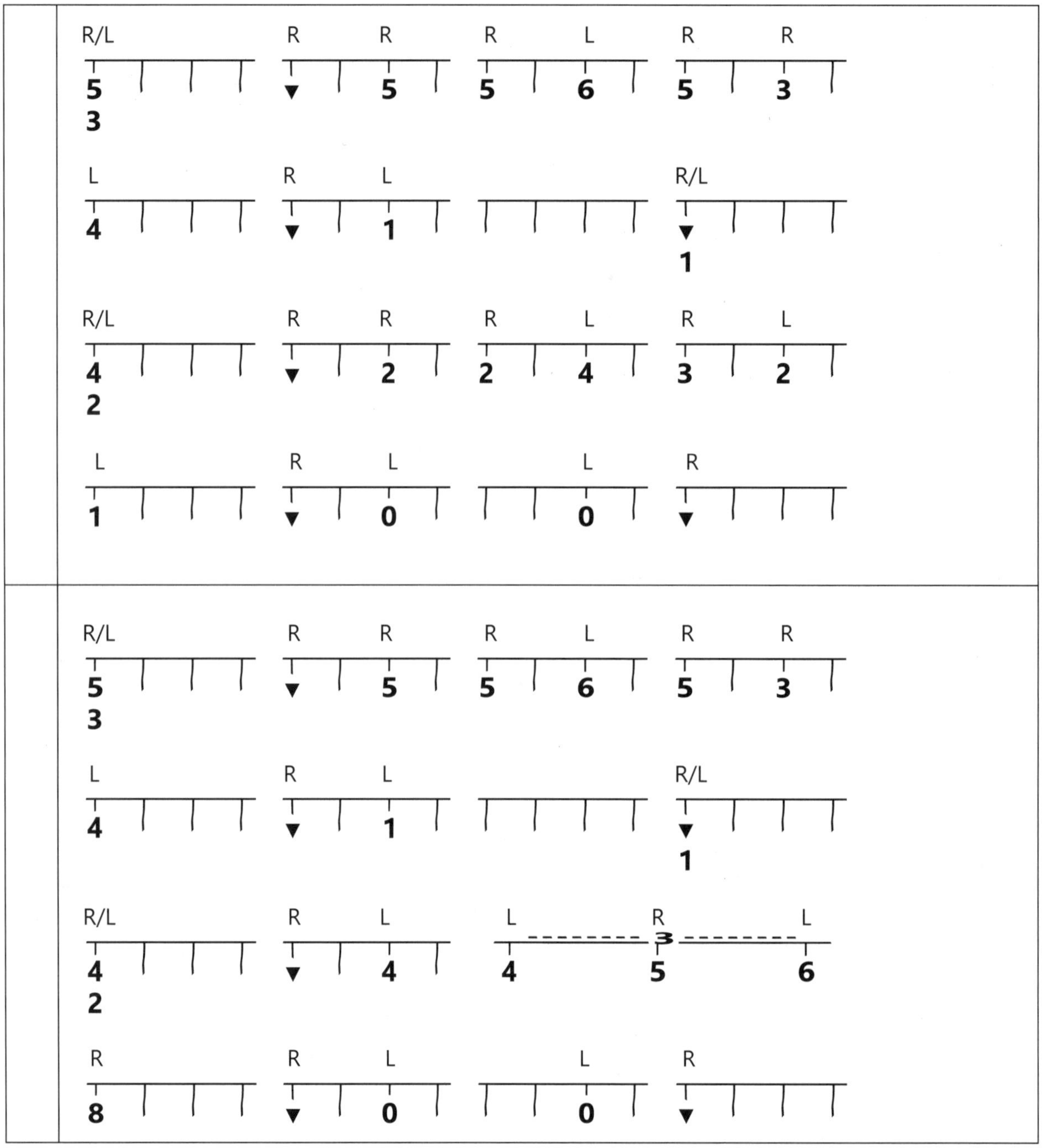

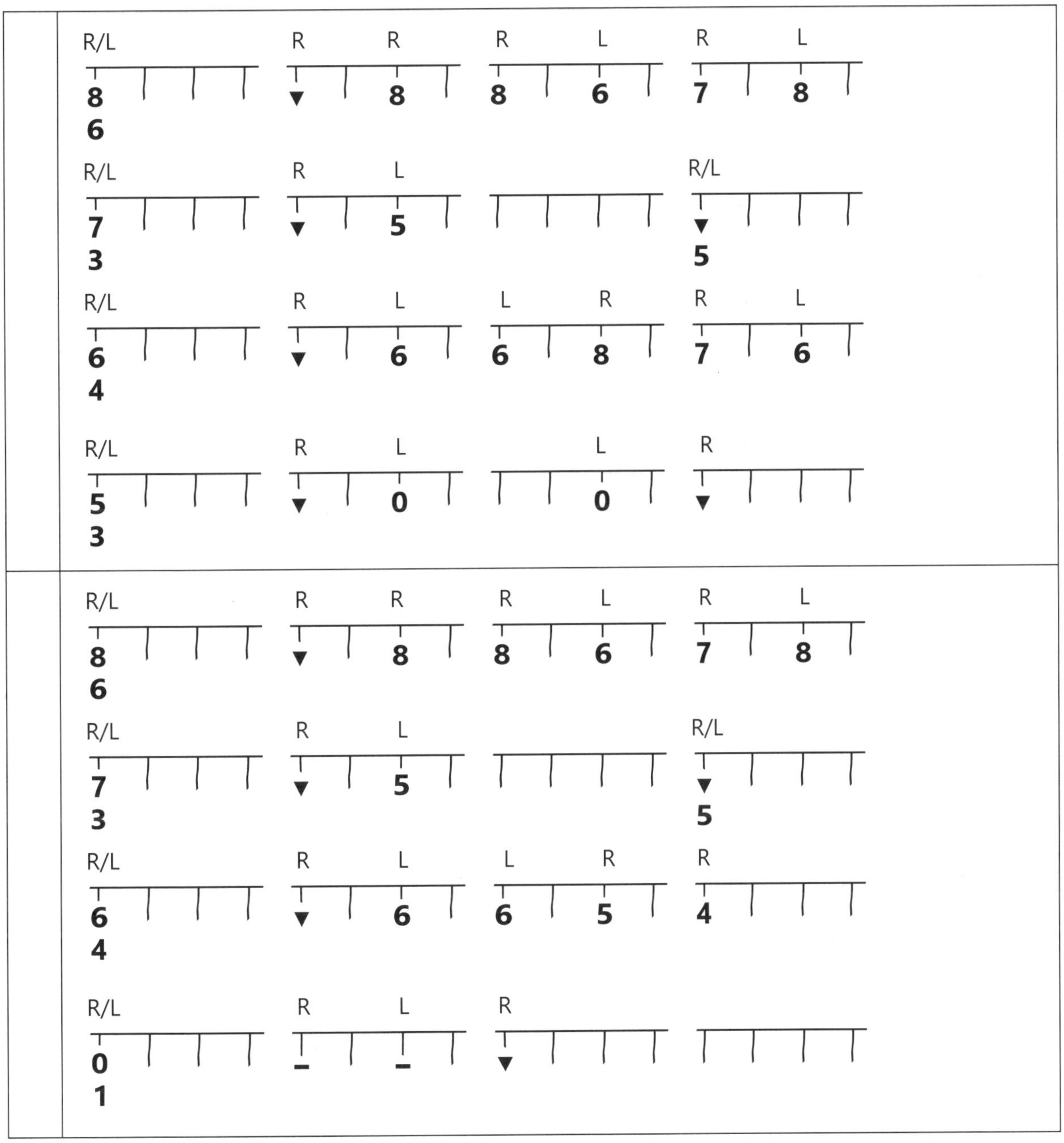

Teil B

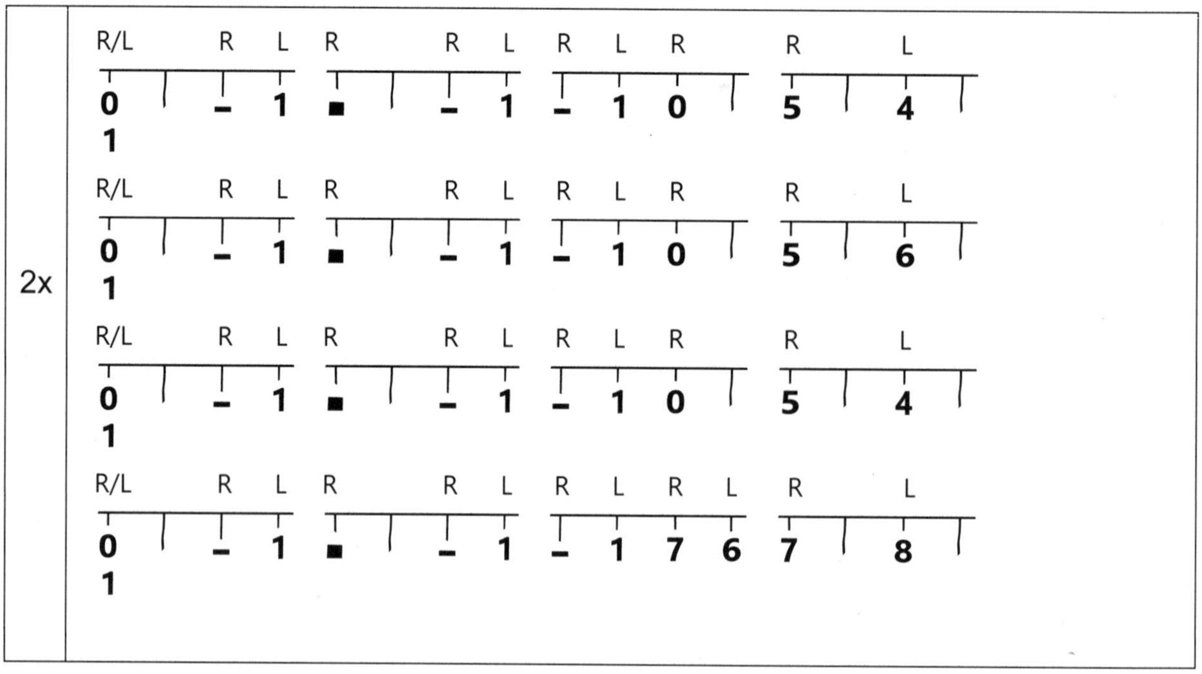
2x
R/L R L R R L R L R R L
0 – 1 ■ – 1 – 1 0 5 4
1
R/L R L R R L R L R R L
0 – 1 ■ – 1 – 1 0 5 6
1
R/L R L R R L R L R R L
0 – 1 ■ – 1 – 1 0 5 4
1
R/L R L R R L R L R L R L
0 – 1 ■ – 1 – 1 7 6 7 8
1

Teil C

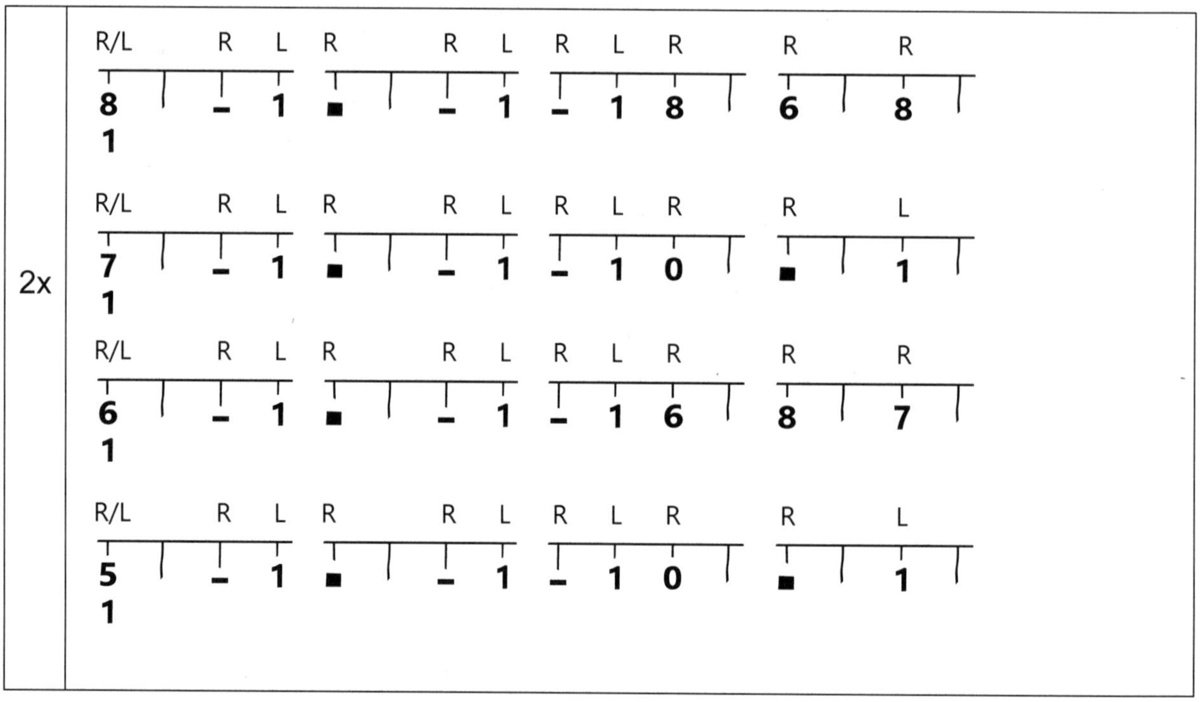
2x
R/L R L R R L R L R R R
8 – 1 ■ – 1 – 1 8 6 8
1
R/L R L R R L R L R R L
7 – 1 ■ – 1 – 1 0 ■ 1
1
R/L R L R R L R L R R R
6 – 1 ■ – 1 – 1 6 8 7
1
R/L R L R R L R L R R L
5 – 1 ■ – 1 – 1 0 ■ 1
1

Teil D

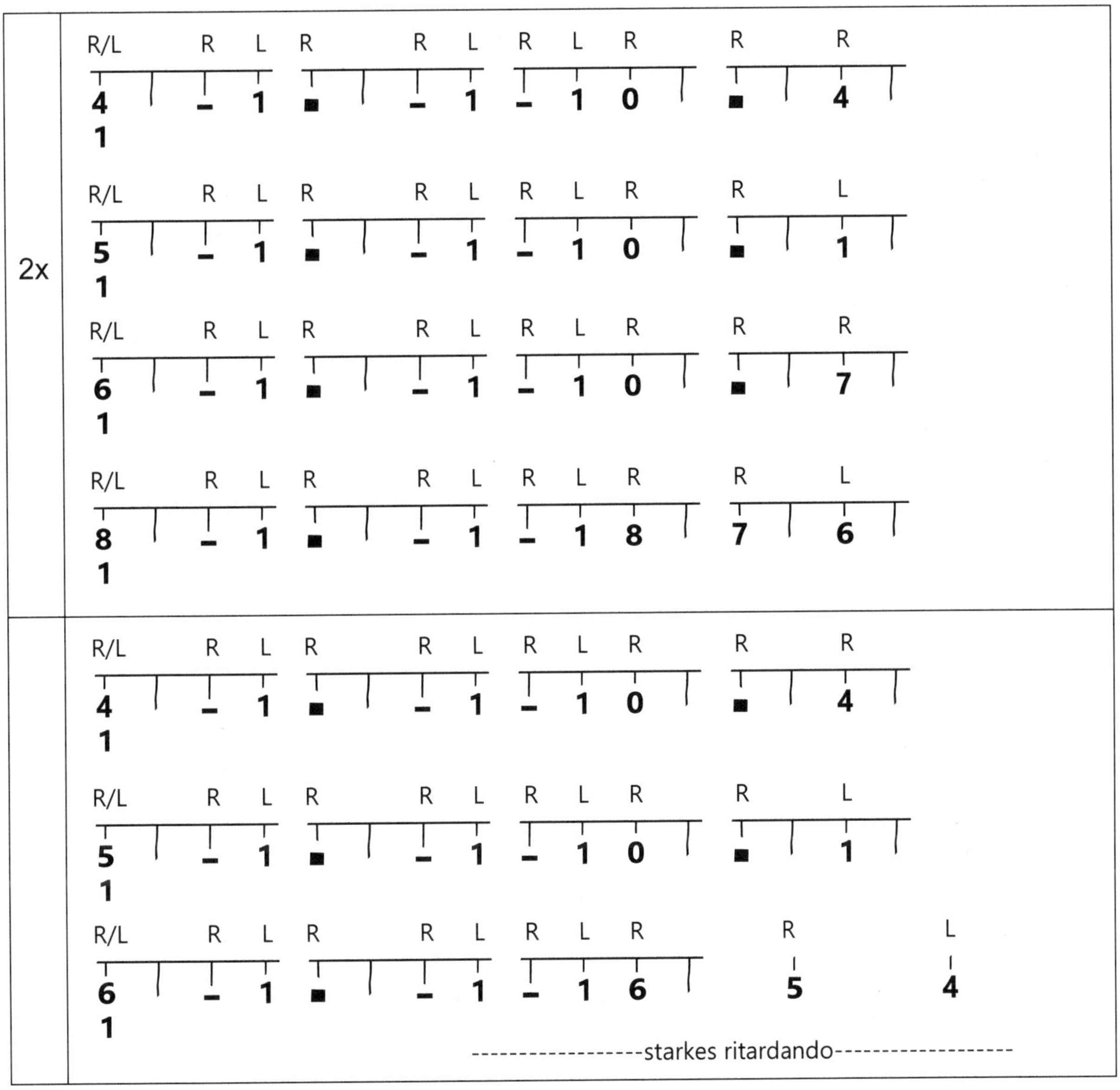

Ab hier zum Ende = Teil A (die letzten beiden Zeilen durch folgende ersetzen) oder Da capo

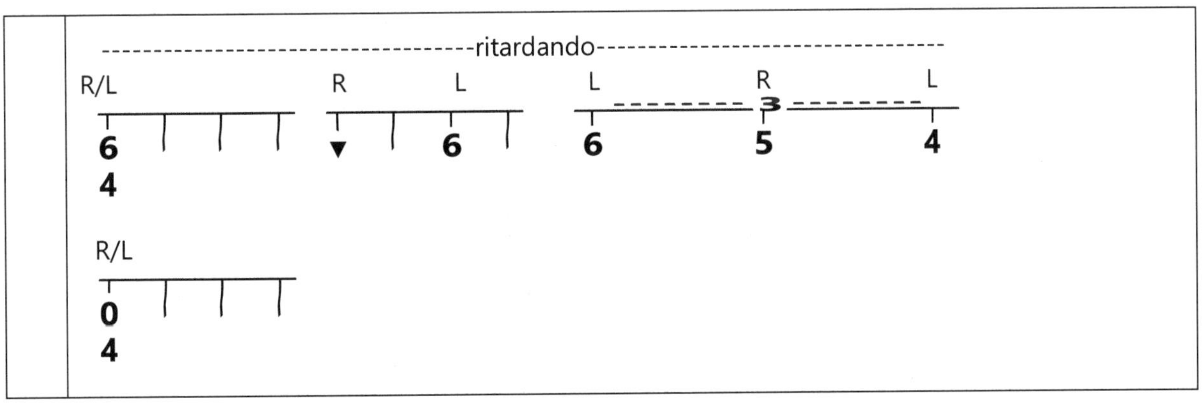

ANHANG 1: Symbole und Begriffe der Notation

Begriffe:

Da capo Wiederholung von vorne

ritardando Langsamer werden

Symbole der Sounds:

0	Zentraler Ton, gesprochen als Bum oder Dum
1 - 9	Äußere Tonfelder. **1** = tiefster Ton der äußeren Töne. **2** = nächster Ton, meist links von 1. **3 - 9** = Folgetöne, je nach Anzahl der Töne am Instrument
T	Tak, Schlag am bereits nicht mehr definiert klingenden Rand (Schulter) des zentralen Tonfeldes. Gesprochen als TA oder TAK.
–	Tap oder Ghostnote, leicht angeschlagener Fingertip an nicht klingenden Teilen des Instruments
x	Slap, gesprochen als PA
▼	Knöchelschlag mit den Fingerknöcheln am nicht klingenden Teil des Instruments
■	Basssound mit der Faust am nicht klingenden Teil des Instruments
TT	Einfacher Flam
TTT	Doppelter Flam
TTTT	Dreifacher Flam
!	Abdämpfen mit einem Finger zum isolieren der Obertöne
.|8	Isolierte Oktave
.|5	Isolierte Quinte (Duodezime)
0 (unterstrichen)	Unterstrich = abgedämpftes Tonfeld
Okt.	Oktave des Grundtons, bei einer Kurd ist dies z. B. Tonfeld 4

Symbole für den Handsatz:

R	Rechte Hand
L	Linke Hand
R/L	Beide Hände gleichzeitig
-	Handsatz nach Belieben
RD	Daumen der rechten Hand
RZ	Zeigefinger der rechten Hand
LD	Daumen der linken Hand
LZ	Zeigefinger der linken Hand
~~	Wirbel

ANHANG 2: Liste der Videos

Die Videos wurden mit Handpans in der Stimmung D-Kurd vom Handpanhersteller Deepan eingespielt.

01 Groove 1

02 Groove 2

03 Groove 3

04 Groove 4

05 Groove 5

06 Groove 6

07 Groove 7

08 Paradiddle

09 Triolen

10 Dreier-Rolls

11 Vierer-Rolls

12 Alles Walzer

13 Dreierlei

14 Taran-Tarantella

15 Veränderungen im Betonungsmuster

16 Koordinationsübungen

17 Flam

18 Doppelter und dreifacher Flam

19 Knöchel-Sound

20 Bass-Sound

21 Wirbel

22 Isolierte Obertöne

23 Unabhängigkeitsübungen

24 Traces on my Way

25 La piuma bianca

26 Jungle Spirit

27 A Waltz for You

28 Soft Landing

29 Nightfall Twilight

30 Dream Weaver

31 Breaking the Chains

Die Videos sind aufrufbar mit dem QR-Code bei der jeweiligen Übung oder unter:

https://www.dux-verlag.de/handpan2

(Passwort: D923)